受益一生的百科知识

世界地理百科知识

李淑杰　郭正中　编著

吉林人民出版社

图书在版编目(CIP)数据

世界地理百科知识 / 李淑杰, 郭正中编著. -- 长春
: 吉林人民出版社, 2012.4
(受益一生的百科知识)
ISBN 978-7-206-08757-8

Ⅰ.①世… Ⅱ.①李… ②郭… Ⅲ.①地理 – 世界 –
普及读物 Ⅳ.①K91-49

中国版本图书馆 CIP 数据核字(2012)第 071018 号

世界地理百科知识

SHIJIE DILI BAIKE ZHISHI

编　　著:李淑杰　郭正中
责任编辑:李沫薇　　　　　　　　封面设计:七　洱
吉林人民出版社出版 发行(长春市人民大街7548号　邮政编码:130022)
印　　刷:永清县晔盛亚胶印有限公司
开　　本:670mm×950mm　　1/16
印　张:13　　　　　　　　　字　　数:220千字
标准书号:ISBN 978-7-206-08757-8
版　　次:2012年7月第1版　　印　　次:2023年6月第3次印刷
定　　价:45.00元

如发现印装质量问题,影响阅读,请与出版社联系调换。

目录 CONTENTS

地理常识篇

目 录
CONTENTS
2

山脉山峰篇

目 录
CONTENTS

4

高原平原篇

峡谷瀑布篇

河流运河篇

目录 CONTENTS

6

湖泊沙漠篇

海湾海峡篇

目 录
CONTENTS 8

岛屿半岛篇

国家公园篇

目 录
CONTENTS

10

自然奇景篇

文明奇迹篇

目录
CONTENTS

12

地理常识篇

地理学是研究地球表面自然现象和人文现象以及它们之间的相互关系和区域分异的学科。简单地说，就是研究人与地理环境关系的学科。研究的目的是更好地开发和保护地球表面的自然资源，协调自然与人类的关系。地理学是在研究地球表面的过程中逐渐形成的，并不断完善其理论、方法和手段。

● 地　球

地球是太阳系从内到外的第三颗行星，也是太阳系中直径、质量和密度最大的行星。地球以近30千米/秒的速度绕太阳公转，地球绕太阳运动的轨道是一个椭圆形，与太阳的平均距离约1.49亿千米，365日6小时9分10秒公转一周，也就是地球上的一年。同时地球还在自转，赤道上的自转速度约1674千米/小时。地球是一个略扁的旋转的椭圆形球体。地球的自转和公转运动的结合产生了昼夜交替和四季变化。地球诞生已有46亿年。地球表面71%是海洋，29%是陆地。地球是迄今太阳系中唯一有生命存在的星球，是人类赖以生存的摇篮。

● 地　壳

地壳是指有岩石组成的固体外壳，地球固体圈层的最外层，岩石圈的重要组成部分，其底界为莫霍洛维奇不连续面。地壳占整个地球体积的0.5%，整个地壳平均厚度约17千米，其中大陆地壳厚度较大，平均为33千米。高山、高原地区地壳更厚，最高可达70千米；平原、盆地地壳相对较薄。大洋地壳则远比大陆地壳薄，厚度只有几千米。地壳分为上下两层。上层化学成分以氧、硅、铝为主，平均化学组成与花岗岩相似，称为花岗岩层，亦有人称之为"硅铝层"。此层在海洋底部很薄，尤其是在大洋盆底地区，太平洋中部甚至缺失，是不连续圈层。下层富含硅和镁，平均化学组成与玄武岩相似，称为玄武岩层，亦有人称之为"硅镁层"。在大陆和海洋均有分布，是连续圈层。两层以康拉德不连续面隔开。

● 地　幔

地幔位于地壳之下、地核之上，和地壳以莫霍洛维奇不连续面为界，地幔与地核间则为古登堡不连续面。厚度约2900千米，占地球体积的83.3%，总质量的67.8%，主要由致密的造岩物质构成，这是地球内部体积最大、质量最大的一层。地幔可分成地幔上部、过渡带及地幔下部。上部地幔约为地壳以下至深度400千米处，包含部分岩石圈及软流圈，岩石圈部分厚约100千米；过渡带顶部约地表以下360至400千米，底部约深650至700千米处；下部地幔为地表下700至2900千米深处，其下方即为地核。

● 地　核

地球内部从古登堡不连续面起，一直到地球中心，称之为地核。地核是地球的核心，半径约有3470千米，高密度，平均每立方厘米重12克，温度非常高。地核占整个地球体积的16.2%，总质量的31.5%。根据地震波的变化情况，发现地核有外核、内核之别。外核和内核的分界面，大约在5155千米处。因地震波的横波不能穿过外核，所以一般推测外核是由铁、镍等物质构成的熔融态或近于液态的物质组成。液态外核会缓慢流动，有人推测地球磁场的形成可能与它有关。由于纵波在内核存在，所以内核可能是固态的。

● 大陆漂移学说

大陆漂移学说是解释地壳运动和海陆分布、演变的学说。大陆彼此之间以及大陆相对于大洋盆地间的大规模水平运动，称为大陆漂移。大陆漂移学说认为，地球上所有大陆在中生代以前曾经是统一的巨大陆块，称之为泛大陆或联合古陆，中生代开始，泛大陆分裂并漂移，逐渐达到现在的位置。大陆漂移的动力机制与地球自转的两种分力有关：向西漂移的潮汐力和指向赤道的离极力。较轻硅铝质的大陆块漂浮在较重的黏性的硅镁层之上，由于潮汐力和离极力的作用使泛大陆破裂并与硅镁层分离，而向西、向赤道做大规模水平漂移。1912年，由德国地球物理学家阿尔弗雷德·魏格纳正式提出了大陆漂移学说。大陆漂移思想是一种活动论，它的提出是对固定论的挑战，并为板块构造学的建立和发展奠定了基础，对地球科学的发展起了很大的推动作用。但大陆漂移的机制问题至今依然没有解决。

● 海底扩张学说

海底扩张学说是在大陆漂移学说的基础上所发展出的进阶地球地质活动学说。在各大洋的中央有一带状分布的海岭，这些带状海岭是下方地幔软流层的出口。不断涌出的熔岩自海岭流出，冷却成为刚性强的大洋地壳。大洋地壳不断地受到新由海岭涌出的熔岩所推挤而向两旁移动，使海洋面积扩大，同时大陆地壳受到推挤而分离。导致海底扩张的原因是海水不平衡的压力导致的板块漂移。地球上大约3/4的表面由海洋覆盖，海水的总量巨大，对海底以及周围陆地的压力巨大。由于受到月球的引力作用和不同区域海水温度不同等因素的影响，海水对不同板块的压力是不平衡的，这就使得板块发生漂移，同时也就产生了海洋带状岭。随着地球温室效应的加剧，地球两极冰川的融化，海水总量的增加，海水对板块漂移的作用将增大，即大陆漂移的速度将加快，由此导致的结果就是地震和火山喷发增多。

● 板块构造学说

板块构造学说是在大陆漂移学说和海底扩张学说的基础上提出的。板块构造学说认为，岩石圈并不是一个整体，而是被海岭、海沟等一些断裂构造带分割成许多巨大的刚性板块，即岩石圈板块。整个岩石圈形成了六大板块：亚欧板块、太平洋板块、美洲板块、非洲板块、印度洋板块、南极板块。这些板块漂浮在不断流动的地幔上，板块随着地幔的变化，而呈现出有规律的变动。这些板块处于不断的张裂与碰撞之中，形成了现在地球的地貌。1968年，剑桥大学的麦肯齐和派克、普林斯顿大学的摩根和拉蒙特观测所的勒皮雄等人联合提出的一种新的大陆漂移说——板块构造学说，它是海底扩张学说的具体引申。

● 时 区

世界各个国家位于地球不同位置上，因此不同国家的日出、日落时间必定有所偏差。各国的时间使用地方时，没有统一换算方法，给交通和通讯带来很大的不便。为了克服时间上的混乱，1884年在华盛顿召开的国际经度会议（又称国际子午线会议）上，规定世界时区的划分以本初子午线为标准，向东、向西各跨7.5°，共15°为零时区。从零时区的边界向东、向西，每隔经度15°划为1个时区，向东、向西各划12个时区，其中东12区与西12区以180°经线为中央经线，各跨7.5°。全球共划分为24个时区，将全球的地方时统一规划为24个，从而简化了地球上时间的计算。

● 区 时

在一定的地区范围内，统一使用一种时刻，这种时刻叫区时。区时也叫标准时，每一时都用该时区中央经线所在经度的地方时为全区通用的时间，这种时间成为这个时区的区时。在区时上，除东、西12区外，任意相邻的2个时区，区时相差1小时，任意2个时区之间，相差几个时区，区时就相差几个小时。在时刻上，较东的时区，区时较早；较西的时区，区时较晚。

● 经 线

经线也称子午线，和纬线一样是人类为度量方便而假设出来的辅助线，定义为地球表面连接南北两极的大圆线上的半圆弧。任意两根经线的长度相等，相交于南北两极点。每一根经线都有其相对应的数值，称为经度。0°经线以西称西经，用"W"表示。0°经线以东称东经，用"E"表示。

● 纬 线

纬线和经线一样是人类为度量方便而假设出来的辅助线，定义为地球表面某点随地球自转所形成的轨迹。任何一根纬线都是接近正圆的椭圆形而且两两平行。纬线的长度是赤道的周长乘以纬线的纬度的余弦，所以赤道最长，离赤道越远的纬线，周长越短，到了两极就缩为零。赤道以北称北纬，用"N"表示。赤道以南称南纬，用"S"表示。

● 本初子午线

本初子午线即零度经线，是位于英国伦敦格林尼治天文台的一条经线，它是为了确定地理经度和协调时间的计量而建立的标准参考子午线。本初子午线的东西两边分别定为东经和西经，于180°相遇。地球上有天然的零度纬线——赤道，却没有天然的零度经线，因此，本初子午线只能从无数的子午线中人为地选出一条。最初的本初子午线，是各国因确定位置的需要而设置的。

● 日界线

日界线又称国际日期变更线，地球每天自西向东旋转，黎明、正午、黄昏和子夜，由东向西依次周而复始地在世界各地循环出现。为了避免这种差异造成日期上的紊乱，1884年国际经度会议还规定，将经度180度子午线作为日期变更的界线。为避免在一个国家中同时存在着两种日期，实际日界线并不是一条直线，而是折线。它北起北极，通过白令海峡、太平洋，直到南极。这样，日界线就不再穿过任何国家。这条线上的子夜，即地方时间零点，为日期的分界时间。按照规定，凡越过这条变更线时，日期都要发生变化：从东向西越过这条界线时，日期要增加一天，从西向东越过这条界线时，日期要减去一天。

● 气候带

气候带是根据气候要素的纬向分布特性而划分的带状气候区。在同一气候带内，气候的基本特征相似。太阳辐射是气候带形成的基本因素。太阳辐射在地表的分布，主要决定于太阳高度角。太阳高度角随纬度增高而递减，不仅影响温度分布，还影响气压、风系、降水和蒸发，使地球气候呈现出按纬度分布的地带性。根据太阳的高度及其季节变化、昼夜的长短，把地球划分为5个气候带：热带、南温带、北温带、南寒带和北寒带。

● 热　带

南北回归线之间的地带，地处赤道两侧，位于南北纬23°26′之间的热带，占地球总面积的40%。在回归线上，本带太阳高度终年很大，在两回归线之间的广大地区，一年有一次太阳直射现象，其他热带地区，一年内有两次直射，而且，这里正午太阳高度终年较高，变化幅度不大，因此，这一地带终年能得到强烈的阳光照射，气候炎热，称为热带。赤道上终年昼夜等长，从赤道到南北回归线，昼夜长短变化的幅度逐渐增大。在回归线上，最长和最短的白昼相差2小时50分。由此可见，在热带范围内，天文现象的纬度差异是极小的。热带的特点是全年高温，变幅很小，只有相对热季和凉季之分或雨季、干季之分。全年温度高于16℃。

● 温 带

温带位于地球的回归线和极圈之间，不能受到太阳直射，也不会出现极昼极夜现象，阳光终年斜射的地带。北回归线和北极圈之间为北温带，南回归线和南极圈之间为南温带。温带冬冷、夏热，气温比热带低，比寒带高；昼夜长短和四季的变化明显。温带占地球总面积的50%。温带的气候区可以继续分为暖温带、冷温带和寒温带。整个温带的年平均气温为8℃。

● 寒 带

寒带位于地球的极圈以内，是高纬地带，有极昼、极夜现象的地带。北极圈以北为北寒带，南极圈以南为南寒带。由于太阳光斜射，获得的太阳光热比其他地带少，气候终年寒冷，称为寒带。寒带气温较低，昼夜长短变化最大，无明显的四季变化。寒带占地球总面积的10%。

● 极 光

极光是由于太阳带电粒子进入地球磁场，在地球南北两极附近地区的高空，夜间出现的灿烂美丽的光辉。作为太阳风的一部分荷电粒子在到达地球附近时，被地球磁场俘获，并使其朝向磁极下落。它们与氧和氮的原子碰撞，击走电子，使之成为激发态的离子，这些离子发射不同波长的辐射，产生出红、绿或蓝等极具极光特征色彩。极光有发光的帷幕状、弧状、带状和射线状等多种形状。发光均匀的弧状极光是最稳定的外形，有时能存留几个小时而看不出明显变化。然而，大多数其他形状的极光通常总是呈现出快速的变化。极光最后都朝地极方向退去，辉光射线逐渐消失在弥漫的白光天区。在南极地区形成的叫南极光，在北极地区形成的叫北极光。极光不只在地球上出现，太阳系内的其他一些具有磁场的行星上也有极光。

● 极昼极夜

极昼和极夜是南北极圈内特有的自然现象，太阳终日不落的现象称为极昼；太阳终日不出的现象称为极夜。极昼和极夜这种特殊的自然现象，是地球沿着倾斜的地轴自转所造成的结果。地球自转时地轴与垂线成一个约23.5°的倾斜角，因而地球在围绕着太阳公转的轨道上，有6个月的时间，南极和北极的其中一个极总是朝向太阳，另一个极总是背向太阳；如果南极朝向太阳，太阳光照射强烈，所以南极点在半年之内全是白天，没有黑夜；这时，北极则见不到太阳，北极点在半年之内全是黑夜，没有白天。到了下一个半年，则正好相反，北极朝向太阳，北极点全是白天；而南极这时则见不到太阳，南极点全是黑夜。在极圈内的地区，根据纬度的不同，极昼和极夜的长度也不同。

● 地　图

地图是按照一定的数学法则，用规定的图式符号，经过概括将地面上的自然和人文现象缩小表示在平面上的图形。地图具有直观性、一览性和可测量性的特点，是人们生活和工作中不可缺少的工具。传统地图的载体多为纸张，随着科技的发展，现代地图有数字地图、电子地图等。

● 地形图

地形图是指地表起伏形态和地物位置、形状在水平面上的投影图。具体来讲，将地面上的地物和地貌按水平投影的方法，沿铅垂线方向投影到水平面上，并按一定的比例尺缩绘到图纸上，这种图称为地形图。地形图的比例尺大于1∶100万的着重表示地形的普通地图。由于制图的区域范围比较小，因此能比较精确而详细地表示地面地貌、地形、水文、土壤、植被等自然地理要素，以及居民点、交通线、境界线、工程建筑等社会经济要素。地形图是根据地形测量或者航摄资料绘制的，误差和投影变形都极小。地形图是经济建设、国防建设和科学研究中不可缺少的工具。不同比例尺的地形图，具体用途也不同。

● 太平洋

太平洋是地球上四大洋中最大、最深和岛屿、珊瑚礁最多的海洋。位于亚洲、大洋洲、南极洲和南、北美洲之间。面积约17968万平方千米，约占世界海洋总面积的1/2，约占地球总面积的1/3，平均深度约4000米。太平洋西南以塔斯马尼亚岛东南角至南极大陆的经线与印度洋分界，东南以通过南美洲最南端的合恩角的经线与大西洋分界，北经白令海峡与北冰洋连接，东经巴拿马运河和麦哲伦海峡、德雷克海峡沟通大西洋，西经马六甲海峡和巽他海峡通印度洋，总轮廓近似圆形。

● 大西洋

大西洋是世界第二大洋，位于欧洲、非洲与南、北美洲和南极洲之间。面积约9165.5万平方千米，约占海洋总面积的25.4%，占地球总面积的18%，平均深度为3597米，最深处波多黎各海沟深达9218米。以赤道为界分为北大西洋和南大西洋。大西洋南接南极洲，北以挪威最北端、冰岛、格陵兰岛南端、戴维斯海峡南边、拉布拉多半岛的伯韦尔港与北冰洋分界，西南以通过南美洲南端合恩角的经线同太平洋分界，东南以通过南非厄加勒斯角的经线同印度洋分界。大西洋东西狭窄、南北延伸，轮廓略呈S形。

● 印度洋

印度洋位于亚洲、非洲、大洋洲和南极洲之间，大部分在南半球。面积约7617.4万平方千米，约占海洋总面积的21.1%，占地球总面积的15%，是世界第三大洋，平均深度为3711米。印度洋西南以通过南非厄加勒斯角的经线同大西洋分界，东南以通过塔斯马尼亚岛东南角至南极大陆的经线为界与太平洋相连。印度洋的轮廓是北部为陆地封闭，南部向南极洲敞开。

● 北冰洋

北冰洋大致以北极为中心，介于亚洲、欧洲和北美洲之间，为三洲所环抱。面积1479万平方千米，约占海洋总面积4.1%，占地球总面积的3%，是地球上四大洋中最小最浅的洋。平均深度约1097米，南森海盆最深处达5449米，是北冰洋最深点。北冰洋被陆地包围，近于半封闭。通过挪威海、格陵兰海和巴芬湾同大西洋连接，并以狭窄的白令海峡沟通太平洋。在亚洲与北美洲之间有白令海峡通太平洋，在欧洲与北美洲之间以冰岛附近的威维亚·汤姆孙海岭与大西洋分界，有丹麦海峡及北美洲东北部的史密斯海峡与大西洋相通。

● 海　洋

海洋是"海"和"洋"的总称。洋是海洋的中心部分，是海洋的主体，世界大洋的总面积约占海洋面积的89%。大洋的水深一般在3000米以上，最深处可达1万多米。大洋离陆地遥远，不受陆地的影响。它的水温和盐度的变化不大。每个大洋都有自己独特的洋流和潮汐系统。大洋的水色蔚蓝，透明度很大，水中的杂质也很少。海，在洋的边缘，是大洋的附属部分，海的面积约占海洋的11%。海的水深比较浅，深度一般从几米到二三千米。海临近大陆，受大陆、河流、气候和季节的影响，海水的温度、盐度、颜色和透明度，都受陆地影响，有明显的变化。海洋约占地球表面积的71%。海洋是地球上决定气候发展的最主要的因素之一。海洋本身是地球表面最大的储热体。洋流是地球表面最大的热能传送带。海洋与空气之间的气体交换对气候的变化和发展有极大的影响。

● 渔　场

渔场是鱼类或其他水生经济动物密集经过或滞游的具有捕捞价值的水域，是鱼类、虾蟹类及其他水生经济动物等在不同的生长时期和生活阶段，随产卵繁殖、索饵育肥或越冬适温等对环境条件要求的变化，在一定季节聚集成群游经或滞留于一定水域范围而形成在渔业生产上具有捕捞价值的相对集中的场所。由经济鱼、虾、蟹和海兽类在一定季节、一定水域范围，因产卵繁殖、索饵育肥或越冬适温等聚集成群，而形成的渔业生产上相对集中的场所。

● 海　啸

海啸是一种具有强大破坏力的海浪。水下地震、火山爆发或水下塌陷和滑坡等地球活动都可能引起海啸。当地震发生于海底，因震波的动力而引起海水剧烈的起伏，形成强大的波浪，向前推进，将沿海地带淹没的灾害，称之为海啸。海啸通常由震源在海底以下50千米以内、里氏地震规模6.5以上的海底地震引起。此外，海底火山爆发、土崩及人为的水底核爆也能造成海啸。此外，陨石撞击也会造成海啸，"水墙"可达百米。

● 洋　流

洋流又称海流，是海水沿一定途径的大规模流动。海洋中除了由引潮力引起的潮汐运动外，引起洋流运动的因素可以是风，也可以是热盐效应造成的海水密度分布的不均匀性。洋流是地球表面热环境的主要调节者。洋流可以分为暖流和寒流。若洋流的水温比到达海区的水温高，则称为暖流；若洋流的水温比到达海区的水温低，则称为寒流。一般由低纬度流向高纬度的洋流为暖流，由高纬度流向低纬度的洋流为寒流。海轮顺洋流航行可以节约燃料，加快速度。暖寒流相遇，往往形成海雾，对海上航行不利。此外，洋流从北极地区携带冰山南下，会给海上航运造成较大威胁。

● 密度流

洋流的一种。由于海水密度的水平方向的不均匀分布引起等压面倾斜而产生的洋流，叫密度流。海水的密度取决于海水的温度、盐度和压力，在水平方向的分布因地而异。换句话说，两种密度不同的流体在重力作用下的相对流动，称为密度流。密度流可以出现在气体、液体、泥浆等不同流体中。

● 补偿流

洋流的一种。补偿流指某一海区的海水出现亏缺，海水具有连续性和不可压缩性，相邻海区的海水向缺水海区补充而形成的海流。补偿流按方向一般分为两种：一种是水平补偿流，另一种是垂直补偿流。后者亦称升降流，包括上升流和下降流。补偿流产生的主要原因是风力和密度差异形成的洋流使海水流出区海水亏缺，如升降流，在北半球，当风沿着与海岸平行的方向较长时间地吹刮时，在地转偏向力的作用下，风所形成的风漂流使表层海水离开海岸，引起近岸的下层海水上升，形成上升流；在远离海岸处则形成下降流，它是从下层流向近岸，以补偿近岸海水的流失。南半球也有相应的情况发生。各大洋的海域，均有明显的上升流，上升流可把深海区大量的海水营养盐带到地表，提供了丰富的饵料，因此上升流显著的海区多是著名的渔场。

● 暖　流

海洋中的暖流所蕴藏的巨大热能和对气候有很大的影响。由于暖流可以使沿岸增加湿度并提高温度，更有助于生物、植物的生长与发展而引起了各国科学家的广泛关注。其中，最主要的是湾流与黑潮。

● 湾　流

湾流是世界上第一大海洋暖流，北大西洋副热带总环流系统中的西部边界流，通常亦称墨西哥湾流，与北太平洋中的黑潮同为世界大洋中的著名强流。但与黑潮相比，湾流以流速强、流量大、流幅狭窄、流路蜿蜒、流域广阔为其特色，并具有高温、高盐、透明度高和水色高等一系列较显著的特征。湾流是由大西洋中的北赤道流和南赤道流中越过赤道的北分支汇合而成。墨西哥湾是个巨大的温热"蓄水库"。它汇聚了南、北赤道流，还接纳了由信风不断驱入的大西洋表层暖水，因而墨西哥湾比附近大西洋水位高，使湾内的海水从佛罗里达海峡流出，沿着北美大陆边缘向高纬区流动；与此同时，由于地转偏向力及其随纬度变化效应的共同作用，这部分越过赤道向北运动的暖水，便显著集中在大洋西部大陆边缘的一个狭带内，自西南向东北运行，成为分隔大洋西部近岸水系和大洋水系的一支强大暖流。

● 黑　潮

黑潮是世界第二大暖流，只居于墨西哥湾流之后。自菲律宾开始，穿过中国台湾东部海域，沿着日本往东北向流，在与亲潮（亦称千岛寒流）相遇后汇入东向的北太平洋洋流。黑潮将来自热带的温暖海水带往寒冷的北极海域，将冰冷的极地海水温暖成适合生命生存的温度。黑潮得名于其较其他正常海水的颜色深，这是由于黑潮内所含的杂质和营养盐较少，阳光穿透水的表面后，较少被反射回水面的原因。黑潮的流速非常快，可为回流性鱼类提供一个快速便捷的路径，向北方前进，因此黑潮流域中可捕捉到为数可观的洄游性鱼类，及其他受这些鱼类所吸引过来觅食的大型鱼类。

● 寒　流

寒流亦称凉流、冷流，本身水温比周围水温低，亲潮就是西太平洋最大的寒流。寒流与其所经过流域的当地海水相比，具有温度低、含盐量少、透明度低、流动速度慢、幅度宽广、深度较小等特点。在从高纬度或极地海洋流向中低纬地区流动的过程中，寒流不断与周围海水混合交换，温度和盐度逐渐升高，上层密度变小，寒流水与当地水之间形成密度变化急剧的水层，即密度跃层，这对水下舰艇活动影响较大。世界大洋东部有5大著名寒流：北太平洋的加利福尼亚海流、南太平洋的秘鲁海流、北大西洋的加那利海流、南大西洋的本格拉海流和南印度洋的西澳海流。它们分别从北、南半球高纬度海域向低纬度海域流动。

● 亚　洲

亚洲是亚细亚洲的简称，亚洲是世界第一大洲，面积约4400万平方千米，约占亚欧大陆总面积的4/5，全球陆地总面积的1/3。亚洲最东端是靠近白令海峡的杰日尼奥夫角，最西端是小亚细亚半岛上的巴巴角，最北端冰雪覆盖的北地群岛，最南端是努沙登加拉群岛的罗地岛。亚洲面积辽阔，自然环境非常复杂，地形以山地高原为主，世界最高的高原、山脉、山峰，最大最深的湖泊，最低的洼地都在亚洲境内。亚洲地跨寒、温、热三带，气候基本特征是大陆性气候强烈，季风性气候典型，气候类型复杂。在地理上习惯分为东亚、东南亚、南亚、西亚、中亚和北亚。

● 欧　洲

欧洲是欧罗巴洲的简称，面积约1016万平方千米，不足亚洲的

1/4。位于亚洲的西面，是亚欧大陆的一部分，西临大西洋，北靠北冰洋，南隔地中海和直布罗陀海峡与非洲大陆相望，以东部的乌拉尔山、乌拉尔河、高加索山脉与亚洲分界。地形以平原为主，海拔200米以下平原约占全洲面积的60%，是世界平均海拔最低的大洲。欧洲三面环海，而且海洋深入内陆，大陆边缘有许多内海、海峡、海湾、半岛、岛屿，是世界海岸最曲折的一个洲。欧洲大部分地区地处北温带，气候温和湿润。西部大西洋沿岸夏季凉爽，冬季温和，多雨雾，是典型的海洋性温带阔叶林气候。东部因远离海洋，属大陆性温带阔叶林气候。东欧平原北部属温带针叶林气候。北冰洋沿岸地区冬季严寒，夏季凉爽而短促，属寒带苔原气候。南部地中海沿岸地区冬暖多雨，夏热干燥，属亚热带地中海式气候。在地理上习惯分为南欧、西欧、中欧、北欧和东欧。

● 非　洲

非洲是阿非利加洲的简称，面积约3029万平方千米，占世界陆地面积的20.2%，仅次于亚洲，为世界第二大洲。位于亚洲的西南面，东濒印度洋，西临大西洋，北隔地中海与欧洲相望，东北角习惯上以苏伊士运河为非洲和亚洲的分界。大陆东至哈丰角，南至厄加勒斯角，西至佛得角，北部至吉兰角。非洲海岸线平直，是世界上岛屿数量最少的一个洲。非洲是高原大陆，平均海拔750米，高低起伏小。沙漠占非洲面积的1/3，赤道、南北回归线穿过大陆，因此非洲气候炎热，从赤道向南、北形成了对称的气候带。非洲地下蕴藏丰富的有色金属、石油、黄金、钻石等矿产。在地理上习惯分为北非、东非、西非、中非和南非。

● 北美洲

北美洲是北亚美利加洲的简称，面积约2422.8万平方千米，约占世界陆地面积的16.2%，是世界第三大洲。位于西半球的北部，东临大西洋，西临太平洋，北临北冰洋，西北隔白令海峡与亚洲相望，东北隔丹麦海峡与欧洲相望，西南以巴拿马运河与南美洲为界。北美洲是岛屿面积最大的一个洲，大陆岸外岛屿众多，格陵兰岛是世界第一大岛。北美洲西部是高大的科迪勒拉山系北段；中部是广阔的密西西比平原，平原北面分布着是世界最大的淡水湖群；东部为低缓的高地。北美洲的气候以温带大陆性气候为主，寒潮与大西洋上的飓风是北美洲的灾害性天气。地理区域分为东部地区、中部地区、西部地区、阿拉斯加、加拿大北极群岛、格陵兰岛、墨西哥、中美洲和西印度群岛9个地区。

● 南美洲

南美洲是南亚美利加洲的简称，面积约1797万平方千米，约占世界陆地面积12%。位于西半球的南部，东濒大西洋，西临太平洋，北滨加勒比海，南隔德雷克海峡与南极洲相望，大陆西北端通过巴拿马地峡与北美洲相连，以巴拿马运河为界。大陆北宽南窄，呈三角形，海岸线平直，没有大的半岛、岛屿，是世界岛屿面积最小的一个洲。南美洲有世界最大的巴西高原和世界最大的亚马孙平原。南美洲是世界上火山较多、地震频繁且多强烈地震的一个洲。大部分地区属热带雨林气候和热带草原气候。在地理上习惯分为南美北部诸国、安第斯山地中段诸国、南美南部诸国以及南美东部国家巴西，其中巴西的面积约占大陆总面积的一半。

● 大洋洲

大洋洲是世界最小的洲，陆地总面积约897万平方千米，约占地球陆地总面积的6%。位于太平洋西南部和南部的赤道南北广大海域中，介于亚洲和南极洲之间，西邻印度洋，东临太平洋，并与南北美洲遥遥相对。大洋洲除少数山地海拔超过2000米外，一般在600米以下，地势低缓。澳大利亚大陆是大洋洲最主要的部分，北面的新几内亚岛是仅次于格陵兰岛的世界第二大岛。大洋洲大部分地区处在南、北回归线之间，绝大部分地区属热带和亚热带，除澳大利亚的内陆地区属大陆性气候外，其余地区均属海洋性气候。在地理上划分为澳大利亚、新西兰、新几内亚、美拉尼西亚、密克罗尼西亚和波利尼西亚6个区域。

● 南极洲

南极洲位于地球最南端，总面积约1400万平方千米，约占世界陆地总面积的1/10。南极洲几乎都在南极圈内，四周濒太平洋、印度洋和大西洋，是世界上地理纬度最高的一个洲。整个大陆地面几乎全部被冰雪覆盖，冰层平均厚度2000米，最厚达到4800米以上。全球90%

的天然冰聚集在这里，如全部融化，地球海洋会升高50至70米。冰雪覆盖下的是高原和山地，海拔达到2000米以上，是世界上平均海拔最高的一个洲。南极洲气候异常寒冷、终年覆盖冰雪，为寒带冰原气候，号称世界风库、寒极、干极。在地理上分为东南极洲和西南极洲两部分。

● 陆　地

陆地是地球表面未被水淹没的部分，由大陆、岛屿、半岛和地峡几部分组成。它的平均海拔高度为875米。总面积约14900万平方千米，约占地球表面积的29%。面积广大的陆地称大陆，全世界共有6块大陆：东半球的亚欧大陆、非洲大陆、澳大利亚大陆，西半球的北美洲大陆、南美洲大陆，以及地球最南端的南极大陆。亚欧大陆是世界上面积最大的大陆，澳大利亚大陆是面积最小的大陆。比澳大利亚大陆面积小的陆地是岛屿。地球上的岛屿有几万个，总面积约970多万平方千米。陆地大部分分布于北半球，岛屿多分布于大陆的东岸。陆地表面起伏不平，有山脉、高原、平原、盆地等。

● 地　震

地震又称地动、地振动，是地壳在快速释放能量过程中造成的振动，期间会产生地震波的一种自然现象。大地振动是地震最直观、最普遍的表现。地震常常破坏房屋等工程设施，造成严重的人员伤亡，能引起火灾、水灾、有毒气体泄漏、细菌及放射性物质扩散，还可能造成海啸、滑坡、崩塌、地裂缝等次生灾害。地震是地球上经常发生的一种自然灾害。

● 海岸线

海岸线是陆地与海洋的交界线，一般指海潮时高潮所到达的界线。地质历史时期的海岸线，称古海岸线。海岸线分为岛屿岸线和大陆岸线两种，海洋与陆地的不断变化十分复杂。海岸线从形态上看，有的弯弯曲曲，有的却像条直线。而且，这些海岸线还在不断地发生着变化。海岸线发生变化的主要原因是地壳的运动，由于受地壳下降活动的影响，引起海水的侵入或海水的后退现象，造成了海岸线的巨大变化。为测绘、统计实用上的方便，地图上的海岸线是人为规定的。一般地图上的海岸线是现代平均高潮线。麦克特航海用图上的海岸线是理论最低低潮线，比实际上的最低低潮线还略微要低一些。这样规定，完全是为了航海安全上的需要。

● 海底地形

海底地形是指海水覆盖之下的固体地球表面形态。海底地形是全球地质演化的结果，在内外营力的作用下经历漫长的地质历史时期，而成为今天的状态。按照海底地形的基本特征，大致可分成大陆边缘、大洋盆地和洋中脊三个大单元。大陆边缘是大陆表面和大洋底面之间存在的一个广阔过渡带，是一个巨大而复杂的斜坡带，是大陆与海洋连接的边缘地带。大洋盆地是海洋的主要部分，地形广阔而平坦，占海洋面积的45%左右。在宽阔的大洋盆地中，由于没有光线温度很低，所以大洋深处的海底动物群非常稀少，其洋底沉积物主要是由繁殖在大洋表层上面的浮游生物的钙质和硅质骨骼沉到海底加入软泥中，形成的钙质软泥及硅质软泥。大洋底部很重要的地势特征是其地势呈脉状分布的、具有全球规模的海底隆起。它像屹立在大洋底部的巨大山脉，延伸四大洋。这些洋底"山脉"，称为洋中脊，规模超过陆地最大山谷，其物质组成为硅镁质火山岩，这里有火山、地震活动。

● 大陆架

大陆架又称大陆棚、陆架、陆棚。是大陆沿岸土地在海面下向海洋的延伸，可以说是被海水所覆盖的大陆。它是环绕大陆的浅海地带。在过去的冰川期，由于海平面下降，大陆架常常露出海面成为陆地、陆桥；在间冰期，则被上升的海水淹没，成为浅海。大陆架的概念包含两层有关联而不同的含义：自然的大陆架与法律上的大陆架。大陆架有丰富的矿藏和海洋资源，已发现的有石油、煤、天然气、铜、铁等20多种矿产，其中已探明的石油储量是整个地球石油储量的1/3。大陆架的浅海区是海洋植物和海洋动物生长发育的良好场所，全世界的海洋渔场大部分分布在大陆架海区，还有海底森林和多种藻类植物，这些资源属于沿海国家所有。

● 海 沟

海沟是海底深凹的地方，最大水深可达到1万多米。海沟是位于海洋中的两壁较陡、狭长的、水深大于6000米的沟槽。海沟多分布于活动的海洋板块边缘，在海洋板块与大陆板块的交界处，一般认为它是地球板块相互挤压作用的结果。地球上主要的海沟都分布在太平洋周围地区，环太平洋的地震带也都位于海沟附近。地球上最深的马里亚纳海沟位于太平洋西部、马里亚纳群岛以东，是太平洋西部洋底一系列海沟的一部分，深度大约11034米。

● 地质学

地质学是关于地球的物质组成、内部构造、外部特征、各层圈之间的相互作用和演变历史的知识体系。在当前阶段，地质学主要研究固体地球的最外层，即岩石圈。因为这一部分既是与人类生活和生产密切相关的部分，同时也是容易直接观测和研究历史最久的部分。但是，随着科学技术的迅速发展，如卫星、航天、深钻技术、海洋物探、高温高压实验、电子显微镜、计算机、遥感遥测、红外摄影、激光等新技术、新手段的不断应用，地质学的研究范围也不断扩大。从地球表层向深部发展，出现了深部地质学；从大陆向海洋发展，出现了海洋地质学；从地球向外层空间发展，出现了月球地质学、行星地质学、宇宙地质学等。

● 褶 皱

岩层在形成时，一般是水平的。岩层在构造运动作用下，因受力而发生弯曲，一个弯曲称褶曲，如果发生的是一系列波状的弯曲变形，就叫褶皱。褶皱虽然改变了岩石的原始形态，但岩石并未丧失其连续性和完整性。褶皱的不同形态和规模大小，常常反映当时地壳运动的强度和方式。褶皱构造是地壳中最广泛的构造形式之一，它几乎控制了地球上大中型地貌的基本形态，世界上许多高大山脉都是褶皱山脉。

● 断 层

地壳岩层因受力达到一定强度而发生破裂，并沿破裂面有明显相对移动的构造称断层。也就是说地壳中的一个裂口或破裂带，沿着它相邻的岩体发生了运动。断层长度变化很大，从几厘米至几百千米不等，两盘之间的位移量也可有这样大的变化。断层是构造运动中广泛发育的构造形态，它大小不一、规模不等，小的不足一米，大到数百、上千千米，但都破坏了岩层的连续性和完整性。在断层带上往往岩石破碎，易被风化侵蚀。沿断层线常常发育为沟谷，有时出现泉或湖泊。

气象常识篇

气象是指大气物理状态和现象。如刮风、闪电、打雷、结霜、下雪等。气象现象是可以由气象学解释的可观察的天气事件。这些事件被存在于地球大气中的可变因素所决定，它们包括温度、气压、水汽、梯度以及每个可变因素之间的相互作用。

● 气象学

气象学是把大气当作研究的客体，从定性和定量两方面来说明大气特征的学科，集中研究大气的天气情况和变化规律和对天气的预报。气象学是大气科学的一个分支，研究大气中物理现象和物理过程及其变化规律的科学。气象学的研究领域很广，研究方法的差异很大。气象学分成许多分支学科：大气物理学、天气学、动力气象学、气候学等等。随着生产的发展，气象学的应用日益广泛，又相继出现海洋气象学、航空气象学、农业气象学、森林气象学、污染气象学等应用学科。随着现代科学技术在气象学领域的应用，又有新的分支学科出现，如雷达气象学、卫星气象学、宇宙气象学等。气象学是一门和生产、生活密切相关的涉及许多学科的应用科学。

● 大气层

大气层又叫大气圈，地球就被它包围着。其主要成分有氮气、氧气和氩气，还有少量的二氧化碳、稀有气体和水蒸气。大气层的空气密度随高度而减小，越高空气越稀薄。大气层的厚度大约在1000千米以上，但没有明显的界线。整个大气层随高度不同表现出不同的特点，分为对流层、平流层、中间层、暖层和散逸层，再上面就是星际空间。

● 天 气

天气是指经常不断变化着的大气状态，既是一定时间和空间内的大气状态，也是大气状态在一定时间间隔内的连续变化。所以可以理解为天气现象和天气过程的统称。天气现象是指发生在大气中的各种自然现象，即某瞬时内大气中各种气象要素，如气温、气压、湿度、风、云、雾、雨、雪、霜、雷、雹等空间分布的综合表现。天气过程就是一定地区的天气现象随时间的变化过程。

● 天气预报

天气预报就是应用大气变化的规律，根据当前及近期的天气形势，对未来一定时期内的天气状况进行预测。它是对卫星云图和天气图进行分析，结合有关气象资料、地形和季节特点、群众经验等综合研究后做出的。如中国中央气象台的卫星云图，就是中国制造的"风云一号"气象卫星摄取的。利用卫星云图照片进行分析，能提高天气预报的准确率。天气预报就时效的长短通常分为3种：短期天气预报，2到3天；中期天气预报，4到9天；长期天气预报，10到15天以上。中央电视台每天播放的主要是短期天气预报。

● 气象观测

气象观测是研究测量和观察大气的物理和化学特性，以及大气现象的方法和手段的一门学科。测量和观察的内容主要有大气气体成分浓度、气溶胶、温度、湿度、压力、风、大气湍流、蒸发、云、降水、辐射、大气能见度、大气电场、大气电导率以及雷电、虹、晕等。观测方法有地面气象观测、高空气象观测、大气遥感探测和气象卫星探测等。气象观测记录和依据它编发的气象情报，除了为天气预报提供日常资料外，还通过长期积累和统计，加工成气候资料，为农业、林业、工业、交通、军事、水文、医疗卫生和环境保护等部门进行规划、设计和研究，提供重要的数据。采用大气遥感探测和高速通信传输技术组成的灾害性天气监测网，已经能够十分及时地直接向用户发布龙卷风、强风暴和台风等灾害性天气警报。大气探测技术的发展为减轻或避免自然灾害造成的损失提供了条件。

● 气 团

气团是指气象要素水平分布比较均匀的大范围的空气团。大气的热量主要来自地球表面，空气中的水汽也来自地球表面水分的蒸发，所以下垫面是空气最直接的热源，也是最重要的湿源。气团形成的条件首先需要有大范围的性质比较均匀的下垫面，广阔的海洋、冰雪覆盖的大陆、一望无际的沙漠等，都可作为形成气团的源地。在同一气团中，各地气象要素的重点分布几乎相同，天气现象也大致一样。气团的水平范围可达几千千米，垂直高度可达几千米到十几千米，常常从地面伸展到对流层顶。气团的分类方法主要有3种：一种是按气团的热力性质不同，划分为冷气团和暖气团；第二种是按气团的湿度特征的差异，划分为干气团和湿气团；第三种是按气团的发源地，常分为北冰洋气团、极地气团、热带气团、赤道气团。

● 锋

锋是冷暖气团之间的狭窄、倾斜过渡地带。因为不同气团之间的温度和湿度有相当大的差别，而且这种差别可以扩展到整个对流层，当性质不同的两个气团，在移动过程中相遇时，它们之间就会出现一个交界面，叫作锋面。锋面与地面相交而成的线，叫作锋线。一般把锋面和锋线统称为锋。锋也可理解为两种不同性质的气团的交锋。由于锋两侧的气团性质上有很大差异，所以锋附近空气运动活跃，在锋中有强烈的升降运动，气流极不稳定，常造成剧烈的天气变化。因此，锋是重要的天气系统之一。

● 气 旋

气旋是三维空间上的大尺度涡旋，是指近地面气流向内辐合，中心气流上升的天气系统。由于地球自转与科氏力作用，使得气旋在北半球作逆时针旋转，在南半球做顺时针旋转。气旋与低压是两个不同的概念。在同高度上，气旋中心的气压比四周低，又称低压。气旋近似于圆形或椭圆形，大小悬殊。小气旋的水平尺度为几百千米，大的可达三四千千米，属天气尺度天气系统。气旋中，天气常发生剧烈的变化，是人们最关心和最早研究的天气系统。

● 反气旋

反气旋是三维空间上的涡旋，是描述大气运动的概念。是在近地面，气流向外辐散，中心气流下沉的一种天气系统。在近地面，反气旋在北半球做顺时针旋转，在南半球做逆时针旋转。反气旋与高压是两个不同的概念，虽然指向同一对象，但是高压侧重描述气压水平分布，而反气旋侧重描述气流的运动。

● 等温线

等温线是指同一水平面上气温相同各点的连线。任意一条等温线上的各点温度都相等。表示同一时间等温线水平分布状况的地图，叫作等温线图。等温线表示该等压面上的冷暖空气分布，它们同等高线配合，表示天气系统的动力和热力性质。等温线稀疏，则各地气温相差不大；等温线密集，表示各地气温相差悬殊；等温线平直，表示影响气温分布的因素较少；等温线弯曲，表示影响气温分布的因素很多。等温线是东西走向，表示温度因纬度而不同，以纬度因素为主；等温线和海岸线平行，表示气温因距海远近而不同，以距海远近因素为主。

● 气　候

气候是地球上某一地区多年时段内大气的一般状态，是该时段各种天气过程的综合表现，所以变化相对稳定。气象要素温度、降水、风等的各种统计量均值、极值、概率等，是表述气候的基本依据。影响气候的因素主要有太阳辐射、大气环流、地面状况等。气候与人类社会有着密切的关系，许多国家很早就有关于气候现象的记载。

● 气　温

气象学上把表示空气冷热程度的物理量称之为空气温度，简称气温。国际上标准的气温度量单位是摄氏度，符号为℃。公众天气预报中所说的气温，是在植有草皮的观测场中离地面1.5米高的百叶箱中的温度表上测得的，根据计算时间长短不同，可分某日平均气温、某月平均气温和某年平均气温等。

● 积　温

积温指某一时段内逐日平均温度累加之和，是研究温度与生物有机体发育速度之间关系的一种指标，从强度和作用时间两个方面表示温度对生物有机体生长发育的影响，一般以℃为单位。

● 闪　电

闪电是云与云之间、云与地之间和云体内各部位之间的强烈放电。积雨云通常产生电荷，底层为阴电，顶层为阳电，而且还在地面产生阳电荷，如影随形地跟着云移动。正电荷和负电荷彼此相吸，但空气却不是良好的传导体。正电荷奔向树木、山丘、高大建筑物的顶端甚至人体之上，企图和带有负电的云层相遇；负电荷枝状的触角则向下伸展，越向下伸越接近地面。最后正负电荷终于克服空气的阻障而连接上。巨大的电流沿着一条传导气道从地面直向云涌去，产生出一道明亮夺目的闪光。一道闪电的长度可能只有数百米，但最长可达数千米。闪电多半在强雷雨的恶劣天气里，对人类活动影响很大，尤其是建筑物、输电线网等遭其袭击，可能造成严重损失。

● 雷

雷是自然现象中的一种，雷是天空中带不同电的云，相互接近时，产生的一种大规模的放电现象，在放电时会发生火花和声音，火花就是闪电，产生的声音就是雷声。闪电是雷雨云体内各部分之间或云体与地面之间，因带电性质不同形成很强的电场的放电现象。由于闪电通道狭窄而通过的电流太多，这就使闪电通道中的空气柱被烧得白热发光，并使周围空气受热而突然膨胀，其中云滴也会因高热而突然汽化膨胀，从而发出巨大的声响是雷鸣。在云体内部与云体之间产生的雷为高空雷；在云地闪电中产生的雷为"落地雷"。落地雷所形成的巨大电流、炽热的高温和电磁辐射以及伴随的冲击波等，都具有很大的破坏力，足以使人体伤亡，建筑物破坏。

● 虹

光线以一定角度照在水滴上所发生的折射、分光、内反射、再折射等造成的大气光象，光线照射到雨滴后，在雨滴内会发生折射，各种颜色的光发生偏离、其中紫色光的折射程度最大，红色光的折射最小，其他各色光则介乎于两者之间，折射光线经雨滴的后缘内反射后，再经过雨滴和大气折射到我们的眼里，由于空气悬浮的雨滴很多，所以当我们仰望天空时，同一弧线上的雨滴所折射出的不同颜色的光线角度相同，于是我们就看到了内紫外红的彩色光带，即彩虹。彩虹大多出现在太阳的相对方向。

● 霞

霞是由于日出和日落前后，阳光通过厚厚的大气层，被大量的空气分子散射的结果。当空中的尘埃、水汽等杂质愈多时，其色彩愈显著。如果有云层，云块也会染上橙红艳丽的颜色。霞分为朝霞和晚霞，都是由于空气对光线的散射作用形成的。当太阳光射入大气层后，遇到大气分子和悬浮在大气中的微粒，就会发生散射。这些大气分子和微粒本身是不会发光的，但由于它们散射了太阳光，使每一个大气分子都形成了一个散射光源。根据瑞利散射定律，太阳光谱中的波长较短的紫、蓝、青等颜色的光最容易散射出来，而波长较长的红、橙、黄等颜色的光透射能力很强。因此，我们看到晴朗的天空总是呈蔚蓝色，而地平线上空的光线只剩波长较长的黄、橙、红光了。这些光线经空气分子和水汽等杂质的散射后，那里的天空就带上了绚丽的色彩。

● 雾

在水汽充足、微风及大气层稳定的情况下，如果接近地面的空气冷却至某程度时，空气中的水汽便会凝结成细微的水滴悬浮于空中，使地面水平的能见度下降，这种天气现象称为雾。雾形成的条件一是冷却；二是加湿；三是有凝结核。这是由辐射冷却形成的，多出现在晴朗、微风、近地面水汽比较充沛且比较稳定或有逆温存在的夜间和清晨，气象上叫辐射雾；另一种是暖而湿的空气作水平运动，经过寒冷的地面或水面，逐渐冷却而形成的雾，气象上叫平流雾；有时兼有两种原因形成的雾叫混合雾。

● 露

露是以液滴形式凝结在地面覆盖物体上的凝结现象。夜间气温下降，越近地面冷却越快，形成与白天相反的下冷上热的温度分布，当地面温度冷却到使贴地面空气中的水汽含量达到饱和时，地面物体上开始观察到露滴生成。如果温度持续降至0℃以下时，露滴冻结成冰珠，称为冻露。日出之后，地面温度和湿度变成与夜晚完全相反的分布形式，贴近地面空气的增温也使该空气层的水汽含量欠饱和，各种条件都将有利于地面水分的蒸发，露滴逐渐消失。

● 霜

霜是水汽在温度很低时，一种凝华现象，跟雪很类似。严寒的冬天清晨，户外植物上通常会结霜，这是因为夜间植物散热得慢、地表的温度又特别低、水汽散发不快，还聚集在植物表面时就结冻了，因此形成霜。科学上，霜是由冰晶组成，和露的出现过程是雷同的，都是空气中的相对湿度到达100%时，水分从空气中析出的现象，它们的差别只在于露点高于冰点，而霜点低于冰点，因此只有近地表的温度低于摄氏零度时，才会结霜。

● 霜　冻

霜冻是指空气温度突然下降，地表温度骤降到0℃以下，使农作物受到损害，甚至死亡。霜冻是一种较为常见的农业气象灾害，发生在冬春季，多为寒潮南下，短时间内气温急剧下降至零摄氏度以下引起；或者受寒潮影响后，天气由阴转晴的当天夜晚，因地面强烈辐射降温所致。霜冻对园林植物的危害主要是使植物组织细胞中的水分结冰，导致生理干旱，而使其受到损伤或死亡，给园林生产造成巨大损失。

● 云

云是指停留大气层上的水滴或冰晶胶体的集合体。云是地球上庞大的水循环的有形的结果。太阳照在地球的表面，水蒸发形成水蒸气，一旦水汽超过饱和，水分子就会聚集在空气中的微尘周围，由此产生的水滴或冰晶将阳光散射到各个方向，这就产生了云的外观。因为云反射和散射所有波段的电磁波，所以云的颜色呈灰度色，云层比较薄时呈白色，但是当它们变得太厚或浓密而使得阳光不能通过的话，它们可以看起来是灰色或黑色的。

● 雨

雨是滴状的液态降水，下降时清楚可见，强度变化较缓慢，落在水面上会激起波纹和水花，落在干地上可留下湿斑。雨是一种自然降水现象，是由大气循环扰动产生的，是地球水循环不可缺少的一部分，是几乎所有的远离河流的陆生植物补给淡水的唯一方法。雨是从云中降落的水滴，陆地和海洋表面的水蒸发变成水蒸气，水蒸气上升到一定高度后遇冷变成小水滴，这些小水滴组成了云，它们在云里互相碰撞，合并成大水滴，当它大到空气托不住的时候，就从云中落了下来，形成了雨。雨水是人类生活中最重要的淡水资源，植物也要靠雨露的滋润而茁壮成长。但暴雨造成的洪水也会给人类带来巨大的灾难。

● 雪

雪是水或冰在空中凝结再落下的自然现象，或指落下的雪花。雪是在空气中的水汽冷却到摄氏零度以下时，部分凝结成冰晶，由空中降下，是大气固态降水中的一种最广泛、最普遍、最主要的形式。雪只会在很冷的温度及温带气旋的影响下才会出现，因此亚热带地区和热带地区下雪的机会较微。雪花的基本形状是六角形，但是大自然中没有两朵完全相同的雪花。许多学者用显微镜观测过成千上万朵雪花，这些研究最后表明，形状、大小完全一样和各部分完全对称的雪花，在自然界中是无法形成的。在已经被人们观测过的这些雪花中，再规则匀称的雪花，也有畸形的地方。

● 雪　崩

雪崩是一种所有雪山都会有的地表冰雪迁移过程，它们不停地从山体高处借重力作用顺山坡向山下崩塌，崩塌时速度可以达20米/秒—30米/秒，具有突然性、运动速度快、破坏力大等特点。它能摧毁大片森林、掩埋房舍、交通线路、通信设施和车辆，甚至能堵截河流，发生临时性的涨水。同时，它还能引起山体滑坡、山崩和泥石流等可怕的自然现象。因此，雪崩被人们列为积雪山区的一种严重自然灾害。

● 降　水

地面从大气中获得的水汽凝结物，总称为降水，它包括两部分，一是大气中水汽直接在地面或地物表面及低空的凝结物，如霜、露、雾和雾凇，又称为水平降水；另一部分是由空中降落到地面上的水汽凝结物，如雨、雪、雹和雨凇等，又称为垂直降水。水汽在上升过程中，因周围气压逐渐降低，体积膨胀，温度降低而逐渐变为细小的水滴或冰晶飘浮在空中形成云。当云滴增大到能克服空气的阻力和上升气流的顶托，且在降落时不被蒸发掉才能形成降水。水汽分子在云滴表面上的凝聚，大小云滴在不断运动中的合并，使云滴不断凝结或凝华而增大。云滴增大为雨滴、雪花或其他降水物，最后降至地面。人工降雨是根据降水形成的原理人为地向云中播撒催化剂，促使云滴迅速凝结、合并增大，形成降水。

● 风

地球上任何地方都在吸收太阳的热量，但是由于地面每个部位受热的不均匀性，空气的冷暖程度就不一样，于是，暖空气膨胀变轻后上升；冷空气冷却变重后下降，这样冷暖空气便产生流动，形成了风。风就是水平运动的空气，空气产生运动，主要是由于地球上各纬度所接受的太阳辐射强度不同而形成的。高纬度与低纬度之间的温度差异，形成了南北之间的气压梯度，使空气做水平运动，风应沿水平气压梯度方向吹，即垂直与等压线从高压向低压吹。

● 信　风

信风又称贸易风，是指在地空从副热带高压带吹向赤道低气压带的风。信风的形成与地球三圈环流有关，太阳长期照射下，赤道受热最多，赤道近地面空气受热上升，在近地面形成赤道低气压带，在高空形成高气压，高空高气压向南北两方高空低气压方向移动，在南北纬30°附近遇冷下沉，在近地面形成副热带高气压带。此时，赤道低气压带与副热带高气压带之间产生气压差，气流从"副高"流向"赤低"。在地转偏向力影响下，北半球副热带高压中的空气向南运行时，空气运行偏向于气压梯度力的右方，形成东北风，即东北信风。南半球反之形成东南信风。在对流层上层盛行与信风方向相反的风，即反信风。信风经常会增加热带风暴的威力，影响大西洋、太平洋和印度洋沿海地区。

● 季　风

由于大陆和海洋在一年之中增热和冷却程度不同，在大陆和海洋之间大范围的、风向随季节有规律改变的风，称为季风。形成季风最根本的原因，是由于地球表面性质不同，热力反映有所差异引起的。亚洲地区是世界上最著名的季风区，其季风特征主要表现为存在两支主要的季风环流，即冬季盛行东北季风和夏季盛行西南季风，并且它们的转换具有暴发性的突变过程，中间的过渡期短。在不同地区的季节差异有所不同，因而季风的划分也不完全一致。

● 台　风

台风或称飓风，是产生于热带洋面上的一种强烈热带气旋。台风经过时常伴随着大风和暴雨或特大暴雨等强对流天气。风向在北半球地区呈逆时针方向旋转，在南半球则为顺时针方向。只是随着发生地点不同，叫法不同。台风在欧洲、北美一带称"飓风"；在东亚、东南亚一带称为"台风"；在孟加拉湾地区被称作"气旋性风暴"；在南半球则称"气旋"。台风是一种破坏力很强的灾害性天气系统，但有时也能起到消除干旱的有益作用。台风过境时常常带来狂风暴雨天气，引起海面巨浪，严重威胁航海安全。登陆后，可摧毁庄稼、各种建筑设施等，造成人类生命、财产的巨大损失。

● 沙尘暴

沙尘暴是沙暴和尘暴两者兼有的总称，是指强风把地面大量沙尘物质吹起并卷入空中，使空气特别混浊，水平能见度小于100米的严重风沙天气现象。其中沙暴是指大风把大量沙砾吹入近地层所形成的挟沙风暴；尘暴则是大风把大量尘埃及其他细粒物质卷入高空所形成的风暴。从全球范围来看，沙尘暴天气多发生在内陆沙漠地区，源地主要有非洲的撒哈拉沙漠，北美中西部和澳大利亚也是沙尘暴天气的源地之一。世界上共有四大沙尘暴多发区，它们分别是：北美、澳洲、中亚以及中东地区。

● 龙卷风

龙卷风是一种强烈的、小范围的空气涡旋，是在极不稳定天气下由空气强烈对流运动而产生的，由雷暴云底伸展至地面的漏斗状云产生的强烈的旋风。其风力可达12级以上，最大可达150米/秒以上，一般伴有雷雨，有时也伴有冰雹。空气绕漏斗状云的轴快速旋转，受漏斗状云中心气压极度减小的吸引，近地面几十米厚的薄层空气内，气流被从四面八方吸入涡旋的底部，并随即变为绕轴心向上的涡流。龙卷中的风总是气旋性的，其中心的气压可以比周围气压低10%。

● 冰　雹

冰雹是一种固态降水物。系圆球形或圆锥形的冰块，由透明层和不透明层相间组成。直径一般为5至50毫米，最大的可达10厘米以上。雹的直径越大，破坏力就越大。冰雹常破坏庄稼，威胁人畜安全，是一种严重的自然灾害。冰雹来自对流特别旺盛的对流云中。云中的上升气流要比一般雷雨云强，小冰雹是在对流云内由雹胚上下数次和过冷水滴碰并而增长起来的，当云中的上升气流支托不住时就下降到地面。大冰雹是在具有一支很强的斜升气流、液态水的含量很充沛的雷暴云中产生的。冰雹主要发生在中纬度大陆地区，通常山区多于平原，内陆多于沿海。

● 寒　潮

寒潮是指来自高纬度地区的寒冷空气，在特定天气形势下迅速加强南下，造成沿途大范围的剧烈降温、大风和风雪天气。这种冷空气南侵过程达到一定强度标准的称为寒潮。寒潮是一种大范围的天气过程，可以引发霜冻、冻害等多种自然灾害。由于寒潮出现的地区和季节不同，其强度和危害也不完全一样，但它带来的灾害性天气对工农业生产和人类日常生活的影响通常都非常大，对农业、牧业、交通、电力，甚至人类的健康都有比较大的影响。

● 凌　汛

凌汛俗称冰排，是冰凌对水流产生阻力而引起的江河水位明显上涨的水文现象。冰凌有时可以聚集成冰塞或冰坝，造成水位大幅度地抬高，最终漫滩或决堤，称为凌洪。在冬季的封河期和春季的开河期都有可能发生凌汛。中国北方的大河，如黄河、黑龙江、松花江，容易发生凌汛。通俗地说，就是水表有冰层，且破裂成块状，冰下有水流，带动冰块向下游运动，当河堤狭窄时冰层不断堆积，造成对堤坝的压力过大，即为凌汛。

● 冻　雨

冻雨是初冬或冬末春初时节见到的一种天气现象。当较强的冷空气南下遇到暖湿气流时，冷空气像楔子一样插在暖空气的下方，近地层气温骤降到零度以下，湿润的暖空气被抬升，并成云致雨。当雨滴从空中落下来时，由于近地面的气温很低，在电线杆、树木、植被及道路表面都会冻结上一层晶莹透亮的薄冰，气象上把这种天气现象称为"冻雨"。

自然资源篇

自然环境中与人类社会发展有关的、能被利用来产生使用价值并影响劳动生产率的自然诸要素，通常称为自然资源，可分为有形自然资源，如土地、水体、动植物、矿产等；无形的自然资源，如光资源、热资源等。自然资源具有可用性、整体性、变化性、空间分布不均匀性和区域性等特点，是人类生存和发展的物质基础和社会物质财富的源泉，是可持续发展的重要依据之一。

● 土地资源

土地资源是指已经被人类所利用和可预见的未来能被人类利用的土地。土地资源既包括自然范畴，即土地的自然属性，也包括经济范畴，即土地的社会属性，是人类的生产资料和劳动对象。土地资源指目前或可预见到的将来，可供农、林、牧业或其他各业利用的土地，是人类生存的基本资料和劳动对象，具有质和量两个内容。在其利用过程中，可能需要采取不同类别和不同程度的改造措施。土地资源具有一定的时空性，即在不同地区和不同历史时期的技术经济条件下，所包含的内容可能不一致。土地资源是在目前的社会经济技术条件下可以被人类利用的土地，是一个由地形、气候、土壤、植被、岩石和水文等因素组成的自然综合体，也是人类过去和现在生产劳动的产物。因此，土地资源既具有自然属性，也具有社会属性，是"财富之母"。

● 矿产资源

矿产资源指经过地质成矿作用，埋藏于地下或出露于地表，并具有开发利用价值的矿物或有用元素的集合体。矿产资源是重要的自然资源，是社会生产发展的重要物质基础，现代社会人们的生产和生活都离不开矿产资源。矿产资源属于非可再生资源，其储量是有限的。目前世界已知的矿产有160多种，其中80多种应用较广泛。按其特点和用途，通常分为金属矿产、非金属矿产和能源矿产三大类。

● 水利资源

水利资源是可供开发利用的天然水源。是一种重要的自然资源。包括江、河、湖、海中的水流，地下潜流及沿海港湾和潮汐等。根据社会发展需要，可对防洪、除涝、灌溉、发电、航运、供水、养殖、捕捞、淡化等方面进行综合开发利用。广义指地球表层可供人类利用的水，包括水量、水域和水能。通常指可更新的水体，包括河道外用水及河道内用水两部分。前者指通过提、蓄、引等不同方式而利用的河水，如工、农业用水和城市生活用水等；后者指河道内水能资源的利用，水运、渔业、旅游、冲刷及生态环境用水。狭义仅包括上述河道外用水以及水运、渔业、旅游等用水。近年来水利资源已逐渐被"水资源"一词取代。

● 生物资源

生物资源是在目前的社会经济技术条件下人类可以利用与可能利用的生物，包括动植物资源和微生物资源等。有的学者把生物群落与其周围环境组成的具有一定结构和功能的生态系统称为生物资源。据统计，地球上曾经有过5亿种生物。在整个生物进化过程中，生物赖以生存的地理环境曾发生过多次重大变化，生物在自然选择和本身的遗传与变异共同控制下，也不断地发生分异与发展，旧物种逐渐灭亡，新物种相继产生，不断演化和发展而形成今日地球繁荣的生物界——丰富的生物资源。现在大约有数百万种生物，其中占绝大多数的是无脊椎动物和植物。物种的数量以热带地区最多，向两极逐渐减少。

● 气候资源

气候资源有利于人类经济活动的气候条件，是自然资源的一部分。包括太阳辐射、热量、水分、空气、风能等。它取之不尽，又是不可替代的。主要是指农业气候资源和气候能源。气候资源与其他资源不同，不能进入市场交易。在各种自然资源中，气候资源最容易发生变化，且变化最为剧烈。有利的气候条件是自然生产力，是资源；不利的气候条件则破坏生产力，是灾害。利用恰当，气候资源可取之不尽，但在时空分布上具有不均匀性和不可取代性。因此对一地的气候资源要从实际出发，正确评价，才能得到合理的开发利用。

● 海洋资源

海洋资源指的是与海水水体及海底、海面本身有着直接关系的物质和能量。包括海水中生存的生物，溶解于海水中的化学元素，海水波浪、潮汐及海流所产生的能量、贮存的热量，滨海、大陆架及深海海底所蕴藏的矿产资源，以及海水所形成的压力差、浓度差等。世界水产品中的85%左右产于海洋。以鱼类为主体，占世界海洋水产品总量的80%以上，还有丰富的藻类资源。海水中含有丰富的海水化学资源，已发现的海水化学物质有80多种。其中，氯、钠、镁、钾、硫、钙、溴、碳、锶、硼和氟，11种元素占海水中溶解物质总量99.8%以上，可提取的化学物质达50多种。由于海水运动产生的海洋动力资源，主要有潮汐能、波浪能、海流能及海水因温差和盐差而引起的温差能与盐差能等。

● 森林资源

森林资源是林地及其所生长的森林有机体的总称。这里以林木资源为主，还包括林中和林下植物、野生动物、土壤微生物及其他自然环境因子等资源。森林可以更新，属于再生的自然资源，也是一种无形的环境资源和潜在的"绿色能源"。反映森林资源数量的主要指标是森林面积和森林蓄积量。森林资源是地球上最重要的资源之一，是生物多样化的基础，它不仅能够为生产和生活提供多种宝贵的木材和原材料，能够为人类经济生活提供多种物品，更重要的是森林能够调节气候、保持水土、防止和减轻旱涝、风沙、冰雹等自然灾害；还有净化空气、消除噪音等功能；同时森林还是天然的动植物园，哺育着各种飞禽走兽，生长着多种珍贵林木和药材。

● 草场资源

草场资源又称草地资源。指以生长多年生草本植物或可食灌木为主的、可供放养或割草饲养牲畜的土地。1985年世界草地面积31.7亿公顷，占全球陆地总面积的21.2%。其中以温带草原分布最广，如亚欧大陆中部、北美洲中南部、南美洲中南部、非洲部分地区及大洋洲的澳大利亚和新西兰。此外尚有热带草原和山地草原。草原中最优良的为豆科牧草，其次是禾本科牧草。草场资源是发展畜牧业的前提条件。草场的质量对畜群的构成和载畜量影响较大。通常水草丰富的高草草原适于放牧牛、马等大牲畜；荒漠草原多为小型丛生禾草，可放牧羊群；以灌木、半灌木为主的稀疏荒漠草原，只能放牧骆驼和山羊。草场资源是生物圈的重要组成部分，在维持生物圈的生态平衡上起着重要作用。同时，它自身又是一种复杂的生态系统，在合理利用条件下，能不断更新和恢复。若外界自然条件恶劣，特别是人为因素破坏了生态系统，甚至超过调节极限，则会造成不良后果，甚至引起沙漠化。

● 能源资源

能源资源是指在目前社会经济技术条件下能够为人类提供大量能量的物质和自然过程。自然界的能源资源按其形成和来源，可以分为三大类：第一类是来自太阳辐射的能量；第二类是来自地球内部的能量，如地热、核能资源等；第三类是由月球、太阳对地球的引力而形成的潮汐能。包括煤炭、石油、天然气、风、河流、海流、潮汐、草木燃料及太阳辐射等。

● 太阳能

太阳能一般是指太阳光的辐射能量，在现代一般用来发电。自地球形成生物就主要以太阳提供的热和光生存，而自古人类也懂得以阳光晒干物件，并作为保存食物的方法，如制盐和晒咸鱼等。在化石燃料减少的情况下，才有意把太阳能进一步发展。太阳能的利用有被动式利用，即光热转换和光电转换两种方式。太阳能发电是一种新兴的可再生能源。广义上的太阳能是地球上许多能量的来源，如风能、化学能、水的势能等等。

● 地热能

地热能是由地壳抽取的天然热能，这种能量来自地球内部的熔岩，并以热力形式存在，是引致火山爆发及地震的能量。地球内部的温度高达7000℃，而在80至100千米的深度处，温度会降至650至1200℃。透过地下水的流动和熔岩涌至离地面1至5千米的地壳，热力得以被转送至较接近地面的地方。高温的熔岩将附近的地下水加热，这些加热了的水最终会渗出地面。运用地热能最简单和最合乎成本效益的方法，就是直接取用这些热源，并抽取其能量。地热能是可再生资源。

● 水　能

水能是一种可再生能源，是清洁能源，是指水体的动能、势能和压力能等能量资源。水能主要用于水力发电，其优点是成本低、可连续再生、无污染。缺点是分布受水文、气候、地貌等自然条件的限制大。开发水能对江河的综合治理和综合利用具有积极作用，对促进国民经济发展，改善能源消费结构，缓解由于消耗煤炭、石油资源所带来的环境污染有重要意义，因此世界各国都把开发水能放在能源发展战略的优先地位。

● 风　能

风能是指地球表面大量空气流动所产生的动能。由于地面各处受太阳辐照后气温变化不同和空气中水蒸气的含量不同，因而引起各地气压的差异，在水平方高压空气向低压地区流动，即形成风。风能资源决定于风能密度和可利用的风能年累积小时数。风能密度是单位迎风面积可获得的风的功率，与风速的三次方和空气密度成正比关系。据估算，全世界的风能总量约1300亿千瓦，中国的风能总量约16亿千瓦。风能资源受地形的影响较大，世界风能资源多集中在沿海和开阔大陆的收缩地带，如美国的加利福尼亚州沿岸和北欧一些国家，中国的东南沿海、内蒙古、新疆和甘肃一带风能资源也很丰富。

● 生物质能

生物质能是指通过光合作用而形成的各种有机体，包括所有的动植物和微生物。而所谓生物质能，就是太阳能以化学能形式贮存在生物质中的能量形式，即以生物为载体的能量。它直接或间接地来源于绿色植物的光合作用，可转化为常规的固态、液态和气态燃料，取之不尽、用之不竭，是一种可再生能源，同时也是唯一一种可再生的碳源。生物质能的原始能量来源于太阳，所以从广义上讲，生物质能是太阳能的一种表现形式。目前，很多国家都在积极研究和开发利用生物质能。生物质能蕴藏在植物、动物和微生物等可以生长的有机物中，它是由太阳能转化而来的。有机物中除矿物燃料以外的所有来源于动植物的能源物质均属于生物质能，通常包括木材及森林废弃物、农业废弃物、水生植物、油料植物、城市和工业有机废弃物、动物粪便等。地球上的生物质能资源较为丰富，而且是一种无害的能源。

● 潮汐能

潮汐能是指海水潮涨和潮落形成的水的势能，其利用原理和水力发电相似。潮汐能是以势能形态出现的海洋能，是指海水潮涨和潮落形成的水的势能与动能。它包括潮汐和潮流两种运动方式所包含的能量，潮水在涨落中蕴藏着巨大能量，这种能量是永恒的、无污染的能量。潮汐作为一种自然现象，为人类的航海、捕捞和晒盐提供了方便。潮汐能的利用方式主要是发电。潮汐发电是利用海湾、河口等有利地形，建筑水堤，形成水库，以便于大量蓄积海水，并在坝中或坝旁建造水力发电厂房，通过水轮发电机组进行发电。只有出现大潮，能量集中时，并且在地理条件适于建造潮汐电站的地方，从潮汐中提取能量才有可能。虽然这样的场所并不是到处都有，但世界各国都已选定了相当数量的适宜开发潮汐电站的站址。

● 波浪能

波浪能是指海洋表面波浪所具有的动能和势能。波浪的能量与波高的平方、波浪的运动周期以及迎波面的宽度成正比。波浪能是海洋能源中能量最不稳定的一种能源。波浪能是由风把能量传递给海洋而产生的，它实质上是吸收了风能而形成的。能量传递速率和风速有关，也和风与水相互作用的距离有关。水团相对于海平面发生位移时，使波浪具有势能；而水质点的运动，则使波浪具有动能。波浪可以用波高、波长和波周期等特征来描述。

● 海流能

海流能是指海水流动的动能，主要是指海底水道和海峡中较为稳定的流动以及由于潮汐导致的有规律的海水流动所产生的能量，是另一种以动能形态出现的海洋能。海流能的能量与流速的平方和流量成正比。相对波浪而言，海流能的变化要平稳且有规律得多。

● 海洋温差能

海洋温差能又称海洋热能。是指利用海洋中受太阳能加热的暖和的表层水与较冷的深层水之间的温差进行发电而获得的能量。海洋热能主要来自太阳能。世界大洋的面积浩瀚无边，热带洋面也相当宽广。海洋热能用过后即可得到补充，很值得开发利用。

● 海洋盐差能

在海水和江河水相交汇处，还蕴含着一种鲜为人知的盐差能。据估算，地球上存在着26亿千瓦可利用的盐差能，其能量甚至比温差能还要大。海洋盐差能发电的设想是1939年由美国人首先提出的。盐差能发电的原理是：当把两种浓度不同的盐溶液倒在同一容器中时，那么浓溶液中的盐类离子就会自发地向稀溶液中扩散，直到两者浓度相等为止。所以，盐差能发电，就是利用两种含盐浓度不同的海水化学电位差能，并将其转换为有效电能。如果利用海洋盐分的浓度差来发电，它的能量可排在海洋波浪发电能量之后，比海洋中的潮汐和海流的能量都要大。

● 煤

煤是古代植物埋藏在地下经历了复杂的生物化学和物理变化逐渐形成的固体可燃性矿物，是一种固体可燃有机岩，主要由植物遗体经生物化学作用，埋藏后再经地质作用转变而成，俗称煤炭，属于不可再生资源。煤作为一种燃料，早在800年前就已经开始。煤被广泛用作工业生产的燃料，是从18世纪末的产业革命开始的。随着蒸汽机的发明和使用，煤被广泛地用作工业生产的燃料，给社会带来了前所未有的巨大生产力，推动了工业的向前发展，随之发展起煤炭、钢铁、化工、采矿、冶金等工业。

● 石　油

石油又称原油，是从地下深处开采的棕黑色可燃黏稠液体。主要是各种烷烃、环烷烃、芳香烃的混合物。它是古代海洋或湖泊中的生物经过漫长的演化形成的混合物，与煤一样属于化学燃料，属于不可再生资源。贮存于地下岩石孔隙中的一种液态可燃有机矿产。一般认为是有机物死亡后经分解、运移、聚集而形成。也有认为是无机碳和氢经化学作用而形成，常呈黑褐色，是世界上最重要的动力燃料与化工原料。石油及其产品广泛用于生产和生活的各个方面。

● 天然气

天然气是一种混合气体，主要成分是烷烃，其中甲烷占绝大多数，另有少量的乙烷、丙烷和丁烷，此外一般还含有硫化氢、二氧化碳、氮和水汽，以及微量的惰性气体，如氦和氩等。在标准状况下，甲烷至丁烷以气体状态存在，戊烷以上为液体。天然气在燃烧过程中产生的能影响人类呼吸系统健康的物质极少，产生的二氧化碳仅为煤的40%左右，产生的二氧化硫也很少。天然气燃烧后无废渣、废水产生，相较于煤炭、石油等能源具有使用安全、热值高、洁净等优势。天然气属于不可再生资源。

● 火力发电

火力发电是利用煤、石油、天然气等固体、液体、气体燃料燃烧时产生的热能，通过发电动力装置，如电厂锅炉、汽轮机和发电机及其辅助装置来转换成电能的一种发电方式。在所有发电方式中，火力发电是历史最久的，也是最重要的一种。由于地球上化石燃料的短缺，人类正尽力开发核能发电、核聚变发电以及高效率的太阳能发电等，以求最终解决人类社会面临的能源问题。

● 水力发电

水力发电是利用河流、湖泊等位于高处具有势能的水流至低处，将其中所含之势能转换成水轮机之动能，再借水轮机为原动力，推动发电机产生电能。利用水力推动水力机械转动，将水能转变为机械能，如果在水轮机上接发电机，随着水轮机转动便可发出电来，这时机械能又转变为电能。水力发电在某种意义上是水的势能转变成机械能，再转变成电能的过程。因水力发电厂所发出的电力电压较低，要输送给距离较远的用户，就必须将电压经过变压器增高，再由空架输电线路输送到用户集中区的变电所，最后降低为适合家庭用户、工厂用电设备的电压，并由配电线输送到各个工厂及家庭。

● 风力发电

风力发电是利用风力带动风车叶片旋转，再通过增速机将旋转的速度提升，来促使发电机发电。依据目前的风车技术，大约是3米/秒的微风速度，便可以开始发电。风力发电正在世界上形成一股热潮，因为风力发电没有燃料问题，也不会产生辐射或空气污染。利用风力发电的尝试，最早在20世纪初就已经开始了。20世纪30年代，丹麦、瑞典、俄罗斯和美国应用航空工业的旋翼技术，成功地研制了一些小型风力发电装置。这种小型风力发电机，广泛在多风的海岛和偏僻的乡村使用，它所获得的电力成本比小型内燃机的发电成本低得多。不过，当时的发电量较低，大都在5千瓦以下。

● 地热发电

地热发电是利用地下热水和蒸汽为动力源的一种新型发电技术。其基本原理与火力发电类似，也是根据能量转换原理，首先把地热能转换为机械能，再把机械能转换为电能。地热发电实际上就是把地下的热能转变为机械能，然后再将机械能转变为电能的能量转变过程。

山脉山峰篇

　　地球上的高大山脉都是褶皱山脉，它们是由于大陆边缘受到挤压或大陆板块互相碰撞而形成的。世界上的断块山不太引人注意，它们是由断裂活动造成的。在褶皱山区或断块山区都可能形成火山。山峰一般指有一定高度的尖状山顶，多为岩石构成。山峰是山脉中突出的部位。

● 山　脉

　　山脉是沿一定方向延伸，包括若干条山岭和山谷组成的山体，因像脉状而称之为山脉。主要是由于地壳运动中的内营力作用而形成，有明显的褶皱，而山地则是在一定的力的作用下形成，褶皱现象不明显。构成山脉主体的山岭称为主脉，从主脉延伸出去的山岭称为支脉。几个相邻山脉可以组成一个山系。

● 安第斯山脉

　　安第斯山脉是世界上最长的山脉，几乎是喜马拉雅山脉的三倍半。安第斯山脉属美洲科迪勒拉山系，是科迪勒拉山系主干。南美洲西部山脉大多相互平行，并同海岸走向一致，纵贯南美大陆西部，大体上与太平洋沿岸平行，其北段支脉沿加勒比海岸伸入特立尼达岛，南段伸至火地岛。跨委内瑞拉、哥伦比亚、厄瓜多尔、秘鲁、玻利维亚、智利、阿根廷等国，全长约890千米。最宽处在阿里卡至圣他克卢斯之间，宽约750千米。整个山脉的平均海拔3660米，有许多高峰终年积雪，海拔超过6000米。安第斯山脉由一系列平行山脉和横断山体组成，间有高原和谷地，地质上属年轻的褶皱山系。气候和植被类型复杂多样，富森林资源以及铜、锡、银、金、铂、锂、锌、铋、钒、钨、硝石等重要矿藏。

● 落基山脉

落基山脉是北美洲西部主要山脉。长4500千米，海拔一般2000至3000米，山脉最宽处达数百千米，呈西北至东南走向，北连马更些山脉和布鲁克斯山，南接东马德雷山脉，纵贯加拿大和美国西部。整个落基山脉由众多小山脉组成，其中有名的就有39条山脉，最高峰埃尔伯特山4399米。山脉主要形成于白垩纪末至第三纪初的拉拉米造山运动，之后经抬升及旺盛的侵蚀，构造地形比较复杂。许多美国大河都发源于落基山脉，如密西西比河、阿肯色河、密苏里河、科罗拉多河等，还有不少河流靠山顶的冰雪融化供给水源。所以，落基山脉是北美大陆最重要的分水岭，山脉西部的河流注入太平洋，属太平洋水系；山脉东部的河流注入墨西哥湾，分属北冰洋水系和大西洋水系。

● 阿拉斯加山脉

阿拉斯加山脉位于美国阿拉斯加中南部，长约650千米，从西南端的克拉克湖绵延至东南方的白河，是美国阿拉斯加南部与阿拉斯加湾海岸平行的山脉。主要为花岗岩构成的断层山脉。向东接加拿大海岸山脉，向西延伸为阿留申山脉和阿留申群岛。大部终年为冰雪覆盖，并以多而大的山谷冰川闻名。阿拉斯加中部的山脉自加拿大边境绵亘至白令海，海拔较南面和北面的山脉为低。河流几乎全部属于育空和卡斯科奎姆两大水系。

● 内华达山脉

内华达山脉位于美国加利福尼亚州东部，北起拉森峰，南至蒂哈查皮山口，全长640千米，宽80至130千米。是北美洲科迪勒拉山系西缘山地的组成部分，与喀斯喀特山、太平洋沿岸的山地相连。山脉巍峨险峻，连绵不断。平均海拔1800至3000米，有10座海拔4300米以上的高峰。山势自东向西倾斜，东坡断崖陡峻，拔起于东邻大盆地之上，高差达1500至3000米，植被稀疏，多为灌木草类；西坡平缓倾向加利福尼亚中央谷地，多河流切割成的深邃峡谷，森林茂密，迎太平洋湿润气流而雨雪丰沛，河流、湖泊众多，水力资源丰富，使中央谷地成为富饶的农业区。雪线高度3600多米，北部发育现代冰川，山区多古代冰川遗迹。

● 海岸山脉

海岸山脉亦称太平洋海岸山脉，北美洲西部沿着太平洋海岸的一系列山脉。北起阿拉斯加、不列颠哥伦比亚，穿过奥瑞冈、华盛顿州，南至加州南部。这些山脉高度约有1000米，但有些山峰和山脊的高度可达2000米。奥瑞冈州南部和加州北部的海岸森林种类以巨大红杉为主，较靠近内陆地区则是阔叶硬材和针叶树的混合林。不列颠哥伦比亚省的海岸山脉不是此山脉的延续，而是属于喀斯开山脉。

● 阿巴拉契亚山脉

阿巴拉契亚山脉是美国东部一条古老的山脉，北起纽芬兰岛，经加拿大东南沿海和美国东北部，南至亚拉巴马州，全长约2600千米，宽度130至560千米，一般海拔1000至1500米。山体南高北低，东陡西缓，由一系列为深谷所分隔的块状山和山岭组成。阿巴拉契亚山脉可分为东北与西南两部分。东北部为加里东褶皱带，以山麓台地延续部分、波状起伏的新英格兰高地为主体；东北区冰川地貌分布普遍。西南区自东向西依次排列着山麓台地、蓝岭、岭谷区和高原几个地貌单元。该山脉是因新生代造山运动所产生的隆起，导致古褶曲的底盘完全露出，结晶质的岩石裸露于地表，整座山脉由东北到西南被分割成许多平行的山脉，山脉之间有深谷。

● 阿尔卑斯山脉

阿尔卑斯山脉是欧洲最高大的山脉，位于欧洲南部。西起法国地中海岸，东至奥地利的维也纳盆地，呈弧形东西延伸，长约1200千米，宽130至260千米，西窄东宽。平均海拔约3000米。山地高大雄伟，地势西高东低，一般可分为西、中、东三段。西阿尔卑斯西起地中海岸，经法国东南至意大利和瑞士边境附近，山幅窄、地势高，是高峰最集中的山段，海拔4000米以上的山峰多位于此，高山地貌典型，是第四纪欧洲最大的山地冰川中心，冰盖曾厚达1000米，各种类型的冰川地貌，尤其是冰蚀地貌都有发育。现在还有1200多条现代冰川。中阿尔卑斯介于法意边境和博登湖之间，山幅宽度大，地势降低。东阿尔卑斯位于博登湖以东，海拔高度最低。阿尔卑斯山是中欧温带大陆性湿润气候和南欧地中海式气候的分界线，它也是欧洲许多大河的分水岭和发源地。

● 比利牛斯山脉

比利牛斯山脉是欧洲西南部最大的山脉，位于法国和西班牙两国交界处，是阿尔卑斯山脉向西南的延伸部分。西起大西洋比斯开湾，东迄地中海利翁湾南。长435千米，一般宽80至140千米，最宽达160千米。按自然特征分3段：西比利牛斯山，自比斯开湾畔至松波特山口；中比利牛斯山，自松波特山口至加龙河上游河谷；东比利牛斯山，自加龙河上游至利翁湾南，亦称地中海比利牛斯山。比利牛斯山为东西走向，一般海拔在2000米以上，以海拔3352米的珀杜山顶峰为中心，面积达306平方千米。山体的轴部是强烈错动的花岗岩和古生代页岩、石英岩；两侧为中生代和第三纪地层；北部山坡是砾岩、砂岩、页岩。比利牛斯地区生态完整，风光秀美，有着奇特的自然景观。湖泊、瀑布、冰川、大峡谷和裸露的岩层随处可见。

● 喀尔巴阡山脉

喀尔巴阡山脉是欧洲中部山脉。位于多瑙河中游以北，西起奥地利与斯洛伐克边界多瑙河峡谷，向东呈弧形延伸，经波兰、乌克兰边境至罗马尼亚西南的多瑙河谷的铁门峡谷。全长1450千米。人们习惯上将呈弧状分布的山脉分为西、南、东三部分。多数山峰在海拔2000米以下，冰川地貌仅限于少数高耸山峰。喀尔巴阡山多为断块山地，地表有受流水侵蚀的明显特征。由多列平行延伸的山岭所组成，地势不高。主要分为3条地质构造带：外带是由页岩、砂岩组成，为山顶浑圆、山坡平缓的中山地貌；中带由结晶岩和变质岩构成，地势较高，多呈块状山；内带为火山岩构成的山脉。河流主要属黑海水系，主要是多瑙河及其支流。山脉主干是黑海和波罗的海的分水岭，山区气候也兼具西欧与东欧之间的过渡型特点。

● 斯堪的纳维亚山脉

斯堪的纳维亚山脉也叫"舍伦山脉"，位于欧洲北部的斯堪的纳维亚半岛的东南部，纵贯半岛。北起巴伦支海，西傍挪威海，南临斯卡格拉克海峡，东濒波罗的海海岸平原。海拔高约1000米，长约1700千米，宽约200至600千米。最高峰加尔赫峰，海拔2469米，在挪威境内。斯堪的纳维亚山脉曾受古代冰川侵蚀，地势比较平缓，沿海形成许多深入内陆两岸陡峭的峡湾。山脉东坡为诺尔兰高原，阶梯式向波的尼亚湾递降。冰蚀地貌发育十分完整，除大量的冰斗和冰川槽谷外，还有大量冰川湖泊。山脉西坡的挪威沿海，由于冰川槽谷受海水侵入而形成一系列典型海湾。从山麓向上分布着阔叶林、针叶林、高山草地。山区金属矿藏丰富，有铁、铜、钛、黄铁矿等。瑞典的铁矿是世界上地下开采最大的铁矿。挪威沿海又是世界上最大的渔场之一，捕鱼量一向居世界前列。

● 高加索山脉

高加索山脉主轴分水岭为南欧和西亚的分界线。位于黑海与里海之间。呈西北至东南向，横贯格鲁吉亚、亚美尼亚和阿塞拜疆三国。属阿尔卑斯运动形成的褶皱山系。长约1200千米，宽200千米，山势陡峻，海拔大都在3000至4000米。海拔3500米以上终年积雪。第四纪时，全为山地冰川所覆盖，有1500多条山地冰川。为一条重要地理界线。山脉北侧称前高加索，属温带大陆性气候，中西部多于东部；山脉南侧称外高加索，属亚热带气候，西部降水量多于东部。主要矿藏有锰、铅、锌，石油和天然气更为丰富。北麓多矿泉，多辟为疗养胜地。北高加索属俄罗斯联邦；外高加索分属格鲁吉亚、亚美尼亚和阿塞拜疆三国。主要河流有库拉河、库班河等。

● 阿特拉斯山脉

阿特拉斯山脉位于非洲西北部，长2400千米，从摩洛哥的东北部塔札，到西南部的阿加迪尔，横跨摩洛哥、阿尔及利亚、突尼斯三国，把地中海西南岸与撒哈拉沙漠分开。最高峰为图卜卡勒峰，海拔4167米，位于摩洛哥西南部，是非洲北部的最高峰。阿特拉斯山脉由中阿特拉斯山、高阿特拉斯山和安基阿特拉斯山三部分组成。高阿特拉斯山是其主脉，蜿蜒700多千米，山势高峻狭长，西部为侏罗纪石灰岩，地形起伏和缓，东部为辽阔的侏罗纪褶皱。东北部的中阿特拉斯山脉，是相当规则的褶皱山脉，它像一条纽带，将高阿特拉斯山脉和最北部的里夫山脉连接起来。西南部的安基阿特拉斯山脉，海拔在2500米以上，是撒哈拉沙漠逐渐抬升的边缘。阿特拉斯山脉在地质上是阿伯拉契造山运动的一部分。山脉在非洲和北美洲相撞时形成，当时远比今日的喜马拉雅山脉要高。

● 鲁文佐里山脉

鲁文佐里山脉又称"月亮山"，位于乌干达西南部与扎伊尔接壤处，距赤道以北48千米，长125千米，沿两国边界延伸。"鲁文佐里"在非洲当地语的意思是"造雨者"，因这里雨、雾甚多，一年中山峰笼罩在云中达300天。鲁文佐里山脉是非洲大陆很少有的由永久冰雪覆盖的山脉之一。玛格丽塔峰是山脉的最高峰，高5109米。鲁文佐里山脉以超大型动植物而闻名，鲁文佐里蚯蚓可长达1米，与人的拇指一样粗。这里的黑猪重约160千克，站立高度至肩部为1米。雪松、樟树和罗汉松，生长高度可达49米。鸟类包括奇异的红头鹦鹉和蓝冠蕉鹃。这里也是多种动物栖身之地，包括象、黑犀牛、小羚羊以及肯尼亚林羚、黑疣猴、白疣猴和丛猴。山地森林中最著名的是野生山地大猩猩，现今尚存不足400只。

● 阿哈加尔山脉

阿哈加尔山脉也称霍加尔山脉，位于撒哈拉沙漠的中心，阿尔及利亚的阿尔及尔市以南约1500千米处，该山脉从一个约2000米高的多岩高原上隆起，在塔哈特山外升至海拔3003米。阿哈加尔虽然被称作"山脉"，其实是一座花岗岩高原。在山脉中心，岩浆在花岗岩上堆积到180米左右，形成了玄武岩。在3000米高的地方，则是由另一种火山岩响岩构成的岩塔和岩柱，景象蔚为壮观。最高峰伊拉门峰，海拔2627米。岩浆在冷却后形成长棱柱形，犹如一束束伫立着的巨大芦笋。在方圆近800平方千米的范围内，这样的石柱有300多根，堪称奇景。阿哈加尔山脉由20亿年之久的岩石构成，是非洲大陆古代基岩的一部分。有些山峰是火山岩颈，即填充死火山山颈的硬化岩浆。火山外层经过多年的风和水的侵蚀，结果在这高原的粉红色花岗岩上只留下竖立的黑色火山岩颈。

● 大蓝山山脉

大蓝山山脉位于澳大利亚东南部的新南威尔士州，距悉尼以西约65千米处，为大分水岭支脉。之所以得名蓝山，是因为山上生长着各种桉树，满目翠蓝。桉树含有油质，可以提取挥发油，其挥发的油滴在空气中经过阳光折射呈现蓝光所致。山脉由三叠纪块状坚固砂岩积累而成，曾经是当时欧洲移民向西推进的障碍。大蓝山山脉地区拥有1.03万平方千米的砂岩平原，陡坡峭壁和峡谷，这里溪谷幽深狭长，溪流经年累月地冲刷砂岩，形成了一个个竖直的缝道。很多溪谷深达50米，但入口宽度却不到1米，往往抬头只见一线蓝天，但下到深处却会发现别有洞天。这些包裹在山腹中的溪谷里藏有瀑布、深潭、岩洞、隧道和各种珍奇漂亮的动植物。

● 大分水岭山脉

大分水岭山脉是澳大利亚东部新南威尔士州以北山脉和高原的总称，位于新南威尔士州以北与海岸线大致平行，自约克角半岛至维多利亚州，由北向南绵延约3000千米，宽约160千米至320千米，海拔一般约800至1000米。山脉东坡较陡，降水丰富，气候湿润；西坡较缓，处于背风位置，气候干旱。它是澳大利亚大陆太平洋水系和印度洋水系的分水岭，其北部处于热带气候区，中部处于副热带气候区，南部地处温带气候区。绵长的大山系像一座天然屏障，挡住了太平洋吹来的暖湿空气，使山地东西两坡的降水量差别很大，生长的植物也迥然不同。东坡地势较陡，沿海有狭长平原，降水充分，生长着各种类型的森林。西坡地势缓斜，向西逐渐展开为中部平原，这里降水较少，常年干旱，呈现一片草原与矮小灌丛的景象。

● 雪山山脉

雪山山脉位于澳大利亚新南威尔士州的南部，属于大分水岭的一支，山脉自澳大利亚首都墨尔本西侧向南至维多利亚州界，全长约160千米，宽80千米，峰峦起伏，气势磅礴。山顶终年积雪，因此澳大利亚人称它为雪山。自雪山山脉发源的河流有墨累河、马兰比吉河、雪河等。世界著名的雪山水利工程使流向东南海岸的雪河、尤坎本河河水折向西流，供澳洲大陆东南部地区电力和灌溉使用。

● 哈默斯利山脉

哈默斯利山脉位于西澳大利亚洲西北部，福提斯丘河以南，自罗比河上源向东绵延250余千米。为一破碎的块状山脉，有极丰富的铁矿、石棉矿蕴藏，植物稀少。最高峰布鲁斯山高1226米，为澳大利亚西部最高点。哈默斯利山脉，是由古老的变质岩抬升、断裂而成，组成岩石是澳大利亚最古老的花岗岩、片麻岩和石英岩。在哈默斯利山脉荒凉的群山和高原中，有许多深谷，谷壁陡峭，令人惊心动魄。25亿年前，哈默斯利山脉还在海底。一层层的沉积物慢慢堆积，最后露出海面。长期的风雨侵蚀，水流冲刷层状岩石形成了现在的深谷。谷底一片翠绿，长满了棕榈、桉树和蕨类植物。

● 喜马拉雅山脉

喜马拉雅山脉是世界上最高大最雄伟的山脉。它耸立在青藏高原南缘，分布在中国西藏和巴基斯坦、印度、尼泊尔和不丹等国境内，其主要部分在中国和尼泊尔交界处。西起帕米尔高原的南迦帕尔巴特峰，东至雅鲁藏布江急转弯处的南迦巴瓦峰，全长约2500千米，宽200至300千米。该山脉形成印度次大陆的北部边界及其与北部大陆之间几乎不可逾越的屏障，系从北非至东南亚太平洋海岸环绕半个世界的巨大山带的组成部分。喜马拉雅山脉有110多座山峰高达或超过海拔7300米。

● 昆仑山脉

昆仑山脉是亚洲中部大山系，中国西部山系的主干。西起帕米尔高原，横贯新疆维吾尔自治区与西藏自治区，向东伸入青海省西部，直抵四川省西北部。长2500千米。为古老的褶皱山脉。西段沿塔里木盆地南缘作西北至东南走向。东北坡陡峭，西南与喀喇昆仑山脉相接。冰川分布面积较广。昆仑山脉与塔里木盆地和柴达木盆地间均以深大断裂相隔。属南亚陆间区与中轴大陆区交界的北缘。昆仑山地区以前震旦系为基底；经过古生代海域下沉及华力西运动褶皱上升，构成昆仑中轴和山脉中脊；经过中生代燕山运动构成主脊两侧4000米以上的山体。

● 横断山脉

横断山脉是中国四川、云南两省西部和西藏自治区东部一系列南北向平行山脉的总称。山岭海拔多在4000至5000米，岭谷高差一般在1000至2000米以上。山高谷深，横断东西间交通，因此得名横断山脉。山岭自西而东包括伯舒拉岭、高黎贡山、怒山、宁静山、云岭、沙鲁里山、大雪山、邛崃山等。总地势北高南低，高于5000米的山峰多有雪峰、冰川。玉龙雪山海拔5596米，为中国纬度最南的现代冰川分布区。山岭褶皱紧密，断层成束，怒江、澜沧江、金沙江、大渡河、安宁河等许多大河都沿断裂带发育。各条断裂带在第四纪都有活动。怒江以西的腾冲地区有第四纪火山群，龙陵、潞西一带近年曾发生过强烈地震。

● 冈底斯山脉

冈底斯山脉位于中国西藏山脉。自西北至东南走向，与喜马拉雅山平行，东接念青唐古拉山，海拔6000至6500米。主峰冈仁波齐峰在玛旁雍错以北，海拔6656米，雪线6000米。山顶有28条冰川，面积只有88.8平方千米，以冰斗冰川和悬冰川为主。南坡冰川多于北坡。由巴噶经普兰，沿孔雀河谷有道路通往尼泊尔。冈底斯山地势高耸，为雅鲁藏布江与印度河的分水岭。印度河上源狮泉河发源于冈底斯山北侧，象泉河发源于山南，进入印度境内称萨特莱杰河。

● 兴都库什山脉

兴都库什山脉是亚洲中部褶皱山系，东起帕米尔高原南缘，向西南经巴基斯坦延伸至阿富汗的赫拉特市附近，绵延1200多千米，宽约50至350千米，平均海拔为4000至5000米。绝大部分位于阿富汗境内，故称"阿富汗的脊骨"。山脉呈东北至西南向，主脉分3段，从东到西，山势逐渐下降。东段位于帕米尔高原南侧，山势最高，有20多个高峰海拔在7000米以上。兴都库什山脉属阿尔卑斯与喜马拉雅造山带，有强烈的地震活动。由于山势高大，在4500至5000米的雪线以上，发育着巨大的现代山地冰川，是中亚、西亚、南亚干旱地区的重要水源之一。兴都库什山脉是印度河与阿姆河的分水岭，因受山脉的阻挡，印度洋暖湿气流不能北上，两侧形成了不同的气候和植被类型。

● 厄尔布尔士山脉

厄尔布尔士山脉位于伊朗的北部，在首都德黑兰市的西北部。一般海拔3962米，主峰达马万德山海拔5671米，是伊朗最高峰。1万多年前，里海曾与黑海、地中海相连，海水彼此沟通。后经地壳运动，地形发生了明显的变化，厄尔布尔士山脉和大高加索山脉的崛起，把里海与海洋分离开了，从而形成今日这个内陆湖。厄尔布尔士山脉过去曾以希尔卡尼亚虎而闻名，但现在这种虎已很稀少。可是在那里仍能发现雪豹和猞猁。

● 飞骅山脉

飞骅山脉位于日本中部地区，由北向南沿富山、新、长野、岐阜县边界延伸，与木曾、赤石山脉形成日本中央山系。山体主要由花岗岩构成，有乘鞍岳和御岳山等年轻火山。山脉整体地形崎岖，被深河谷分割开来。最高峰穗高岳，海拔3190米。东缘为断层陡崖。北部以峭壁止于日本海岸。西坡较缓，下行形成飞骅高地。飞骅山脉受到河水和冰河侵蚀作用而形成现在的地形，但冰河作用的痕迹多见于地势较高的山顶和山腰，山腰和溪谷主要是河川冲刷形成的V形谷。

● 山　峰

山峰是山脉中突出的部分。山峰一般指尖状山顶并有一定高度，多为岩石构成。也有断层、褶皱，有的是火山锥。

● 阿空加瓜峰

阿空加瓜峰，海拔6964米，是南美洲最高峰。属于科迪勒拉山系的安第斯山脉南段，在阿根廷与智利交界的门多萨省的西北端。阿空加瓜峰还是地球上海拔最高的死火山。公元1897年，人类首次登上阿空加瓜峰，考察证实它由火山岩构成，山形呈圆锥形，山顶有凹下的火山口，是座典型的火山。经查阅有关该地区火山喷发的资料，没有发现它在人类出现后还重新爆发过，因而它便成为世界上公认的最高的死火山。

● 麦金利山

麦金利山位于美国阿拉斯加州的中南部，是阿拉斯加山脉的中段，它海拔6193米，为北美洲的第一高峰。2/3的山体终年积雪，发育有规模很大的现代冰川，主要有卡希尔特纳和鲁斯等冰川。该山有南、北二峰，南峰较高，山势陡立。麦金利山原名迪纳利峰，这是当地印第安人的称呼，迪纳利在印第安语中的含意是"太阳之家"。后来，此山以美国第二十五届总统威廉·麦金利的姓氏命名为麦金利山。

● 惠特尼山

惠特尼山是美国加利福尼亚州内华达山脉最高峰，也是美国本土的最高峰，海拔4418米。尖峰高耸于山脉主脊之上，由结晶岩组成。终年积雪。山坡上有雪崩槽道和花岗岩块，无冰川。1864年为美国地质学家惠特尼所发现，故用其名。1873年被首次登顶，峰顶为缓坡平台，尚未因冲蚀出现沟壑。

● 米切尔山

米切尔山位于北卡罗来纳州西北端，美国蓝岭山脉支脉黑山的最高峰，海拔2037米，石英岩构成。山坡生长针叶林，山顶是草甸。山名取自北卡罗来纳大学地质学教授米切尔之名，1835年他首次测量此山，证明是密西西比河以东地区的最高点。

● 勃朗峰

勃朗峰是阿尔卑斯山的最高峰，位于法国的上萨瓦省和意大利的瓦莱达奥斯塔的交界处。海拔4810.9米，也是西欧的最高峰。勃朗峰地势高耸，常年受西风影响，降水丰富。冬季积雪，夏不融化，白雪皑皑，冰川发育，约有200平方千米为冰川覆盖，顺坡下滑，西北坡法国一侧有著名的梅德冰川，东南坡意大利一侧有米阿杰和布伦瓦等大冰川。

● 厄尔布鲁士山

厄尔布鲁士峰位于俄罗斯西南部，属于高加索山系的大高加索山脉的博科沃伊支脉，是睡火山，海拔5642米，也是欧洲第一高峰。厄尔布鲁士山是地质史上火山长期连续喷发的产物，由两座安山岩熔岩火山锥组成，海拔分别为5642米和5595米。厄尔布鲁士山山体终年冰雪覆盖，周围有77条大小冰川，总面积约140平方千米。冰川溶水，使周围形成了众多的河流。

● 格尔拉赫峰

格尔拉赫峰位于斯洛伐克东北，邻近波兰边境的塔特拉山。是全国的最高点，海拔2655米，也是整个喀尔巴阡山系最高峰。由花岗岩构成。具有冰川地形。

● 科修斯科山

科修斯科山位于澳大利亚大陆东南部的新南威尔士州境内堪培拉的西南，是澳大利亚山脉的最高峰，也是大洋洲的最高点。科修斯科山海拔2230米，由花岗岩构成。顶部冬季有积雪，并有古冰川遗迹，海拔1700米以下多森林，以上为夏季牧场。

● 珠穆朗玛峰

珠穆朗玛峰位于中国和尼泊尔交界的喜马拉雅山脉之上，终年积雪。海拔8844.43米，是亚洲和世界第一高峰。珠穆朗玛峰山体呈巨型金字塔状，地形极端险峻，环境异常复杂。珠穆朗玛峰山顶终年冰雪覆盖，冰川面积达1万平方千米，雪线南低北高。南坡降水丰富，1000米以下为热带季雨林，1000至2000米为亚热带常绿林，2000米以上为温带森林，4500米以上为高山草甸。北坡主要为高山草甸，4100米以下河谷有森林及灌木。山间有孔雀、长臂猿、藏熊、雪豹、藏羚等珍禽奇兽及多种矿藏。

● 乔戈里峰

乔戈里峰位于中国和巴基斯坦边界，海拔8611米，是喀喇昆仑山脉的主峰，是海拔仅次于珠穆朗玛峰的世界第二高峰。乔戈里峰地区不仅地形险恶，气候也十分恶劣。峰巅呈金字塔形，冰崖壁立，山势险峻。在陡峭的坡壁上布满了雪崩的溜槽痕迹。山峰顶部是一个由北向南微微升起的冰坡，面积较大。北侧如同刀削斧劈，平均坡度达45度。从北侧大本营到顶峰，垂直高差竟达4700米，是世界上8000米以上高峰垂直高差最大的山峰。

● 干城章嘉峰

干城章嘉峰位于喜马拉雅山脉的东端，在尼泊尔、印度锡金边境，世界第三高峰。由四个不同的峰顶组合出的巨大山块。分别是8586米的主峰、8505米的干城章嘉西峰，8491米的南峰与8482米的中央峰。其间形成众多山谷冰川，使得山势更为险峻，冰崩、雪崩频繁出没。

● 洛子峰

洛子峰海拔8516米，为世界第四高峰。位于珠穆朗玛峰以南3千米处，以山峰的北山脊与东南山脊为界，其东侧在中国西藏自治区境内，其西侧属尼泊尔。地形极其险峻，环境异常复杂，大小冰川密布，气候变幻莫测。巨大的活动冰川、冰崩、雪崩频繁。风速比珠峰略低，但雨量又大过珠峰。

● 马卡鲁峰

马卡鲁峰海拔8463米，位于喜马拉雅山脉中段，其西北方向距珠穆朗玛峰24千米，沿西北—东南山脊为界，北侧在中国西藏境内，南侧在尼泊尔境内。峰体上终年覆盖着厚厚的冰雪，坡谷中分布着巨大的冰川，冰川上有许多深渊般的巨大冰裂缝，冰崩雪崩都十分频繁。

● 蒂里奇米尔峰

蒂里奇米尔峰位于巴基斯坦吉德拉尔以北55千米，邻近阿富汗边界。为印度河与中亚阿姆河的分水岭。海拔7690米，为兴都库什山脉最高峰，终年冰雪覆盖，是世界著名雪峰。冬季降雪丰富，夏季由于季风而间歇降雨，因而南坡被许多森林覆盖。

● 少女峰

少女峰位于瑞士因特拉肯市正南20千米处，主峰海拔3454米，被称为阿尔卑斯山的"皇后"，是阿尔卑斯山的最高峰之一。山上终年积雪，峰顶的斯芬克斯观景台是登顶旅程的终点，可以观赏到阿尔卑斯山全景。从山下到山顶，景观层次截然不同，山顶雪花弥漫，异常的冰寒。而山腰以下，从雪峰深处却延伸出无尽的翠绿。

● 马特洪峰

马特洪峰位于意大利与瑞士边境，在勃朗峰以东，为彭尼内山的主峰，海拔4478米，四面都是峥嵘峭壁，角峰直插蓝天，号称"山中之王"。是阿尔卑斯山最美丽的山峰，也是瑞士引以为骄傲的象征。以其一柱擎天之姿，直指天际，其特殊的三角锥造型而闻名，它有4条颇具特色的山脊以及赋予它金字塔形状的四面，成为阿尔卑斯山的代表，每当朝晖夕映，常年积雪的山体折射出金属般的光芒。北壁垂直高度为1100米，中间夹杂冰雪坡，地势极为陡峭险峻。马特洪峰北坡山坳中的小山村策尔马特也因马特洪峰而成为瑞士最著名的旅游胜地。

● 艾格峰

艾格峰位于瑞士因特拉肯市正南处，是瑞士境内的阿尔卑斯山脉群峰之一，海拔3970米，与著名的少女峰、僧侣峰并排耸立。艾格峰的北侧异常陡峭，刀削般的绝壁就连白雪也堆积不住，平均坡度70°，垂直落差1800米。艾格峰因山势险峻而被视为"欧洲第一险峰"，与马特洪峰、大乔拉斯峰并称为"欧洲三大北壁"。

● 雪朗峰

雪朗峰位于瑞士因特拉肯市正南处的阿尔卑斯山群之中，在少女峰旁，主峰海拔2970米。登雪朗峰的主要途径是缆车，但是完全不同于我们以往印象中的缆车，这是一种大到可以容纳80人的大玻璃箱子，以很快的速度向山上移动。

● 钦博拉索峰

钦博拉索峰位于南美洲厄瓜多尔的中部，属安第斯山脉西科迪勒拉山，海拔6310米，是厄瓜多尔最高峰。它是一座休眠火山，有许多火山口，山顶多冰川，在约4694米以上，终年积雪。钦博拉索山顶峰距地心的厚度为6384.10千米，而珠穆朗玛峰距地心的距离仅为6381.95千米，因此被称为"世界最厚之地"。

● 罗赖马山

罗赖马山位于委内瑞拉、巴西和圭亚那三国交界处，是在高地形成的亚马孙地区北侧一个大半圆形的平顶山群，海拔2810米。这块台地约有3亿年历史，原为浩大的浅湖和三角洲，因地壳运动而隆起，后因侵蚀变成山和露出地面的岩层。在有些地方，例如在平顶山顶部尚能看到保存在岩石上的水波纹痕迹。"罗赖马"在当地语中，意为"河流的母亲"。著名的安赫尔瀑布就是从这座山山顶飞泻而下的。

● 米斯蒂火山

米斯蒂火山又称"阿雷基帕火山"，位于秘鲁南部的阿雷基帕城东北16千米处。海拔5821米，是一座熄火山，两侧有查查尼火山和皮丘皮丘火山相护。火山锥完整壮丽，终年为白雪覆盖。米斯蒂火山是典型的层积型火山，由坚硬的火山岩和粉末状的火山灰组成。这种类型的火山往往都很陡，因为喷出的岩浆黏性大，流不多远就凝结了。从山下可以清晰地看出火山岩和火山灰纵向相间排列。火山岩处凹凸不平，上山的路径都是从火山岩处走过。火山灰处如流沙般松软。米斯蒂火山因其外形极似日本富士山，而被称为"秘鲁富士山"。

● 帕伊内角峰

帕伊内角峰位于智利南部，属南美安第斯山脉群峰之一，它们是两个带粉红色的灰色花岗岩峰，每个山峰的高度约2545米，顶部为黑色板岩，高高耸立在起伏的草原、长着红黄绿三地毯般苔藓的沼泽以及平静清澈的湖面之上。这是由花岗岩组成的火山链，上面覆盖着一层板岩。在有些地方，大块的地下花岗岩因地寒风运动被抬升，突破地壳表面以后呈石柱状。后经冰川侵蚀，柱顶变成了曲面，两侧面却很陡峭，有些简直是直立的。

● 乞力马扎罗山

乞力马扎罗山位于赤道附近的坦桑尼亚和肯尼亚边界的坦桑尼亚一侧，面积756平方千米，是非洲最高的山脉，以"赤道雪山"而闻名于世。乞力马扎罗山有两个高峰：主峰基博峰，海拔5963米，

是非洲的最高峰，被称为"非洲之巅"；另一个叫马文济峰，隔着一条长达11千米的马鞍形的山脊同主峰相连。乞力马扎罗山是一个死火山，主峰基博峰顶有一个直径2400米、深200米的火山口，口内四壁是晶莹无瑕的巨大冰层，底部耸立着巨大的冰柱，冰雪覆盖，宛如巨大的玉盆。峰顶经常云雾缭绕，好像罩上了一层面纱。乞力马扎罗山顶上是一片晶莹的冰雪世界，而山下的广阔土地上却是热带草原景色。

● 肯尼亚山

肯尼亚山位于肯尼亚中部，北靠近赤道。肯尼亚山为上新世熄火山，山体由粗面玄武岩组成。火山口受强烈侵蚀和切割形成高耸山峰，被堵塞的前火山口结晶状霞石正长岩构成其最高峰，几个高峰呈放射状延伸，之间被7条河谷分开，在3900米处形成几个湖泊，辐射状水系多注入塔纳河。最高峰巴蒂安峰海拔5199米，为非洲第二高峰，主要山峰还有涅利昂峰、莱纳纳峰等。山顶终年积雪，有10多条小冰川延伸至海拔4300米处，其中刘易斯冰川和廷德尔冰川最大。山地低处西、北坡为草原；东、南坡为低树、高草植被。森林带以上辟有肯尼亚山国家公园，1997年它被联合国教科文组织指定为世界遗产。

● 基纳巴卢山

基纳巴卢山位于马来西亚的婆罗洲岛的北部，在沙巴州克罗克山脉东北端，距基纳巴卢市东北约93千米。主峰洛峰海拔4101米，是东南亚最高峰。峰顶由于岩石裸露而被风化侵蚀成锯齿状。受第四纪冰川的作用，在海拔3000米以上可见冰斗、冰盖、冰碛石等多种冰川地貌。山地垂直变化明显，生长着许多珍稀植物，从山麓往上至3600米，依次为热带雨林、落叶阔叶林、针阔叶混交林、高山灌丛等。

● 富士山

富士山是日本最高峰，海拔3776米。山峰高耸入云，山巅白雪皑皑。山体呈圆锥状，似一把悬空倒挂的扇子。富士山是60多万年以前逐渐形成的年轻火山。共喷发过18次，最后一次是1707年，当时火山灰散落到了100千米之外的东京，此后变成休眠火山。由于火山口的喷发，山麓处形成无数山洞，千姿百态，十分迷人。有的山洞现仍有喷气现象，有的则冷若冰霜。山顶上有大小两个火山口。自海拔2300米至山顶一带，均为火山熔岩、火山砂所覆盖，既无丛林又无泉水，登山道也不明显，在沙砾中仅有弯弯曲曲的小道。在海拔2000米以下至山脚一带，有广阔的湖泊、瀑布、丛林，风景极为秀丽。

高原平原篇

　　高原是广阔的平坦高地，通常四面八方全是陡崖，但有时周围是高山。高原分布甚广，连同所包围的盆地一起，大约共占地球陆地面积的45%。陆地上海拔高度相对比较小的地区称为平原。指广阔而平坦的陆地。它的主要特点是地势低平，起伏和缓，相对高度一般不超过50米，坡度在5°以下。它以较低的高度区别于高原，以较小的起伏区别于丘陵。

● 高　原

　　海拔高度一般在1000米以上，面积广大，地形开阔，周边以明显的陡坡为界，比较完整的大面积隆起地区称为高原。高原与平原的主要区别是海拔较高，高原以完整的大面积隆起区别于山地。高原素有"大地的舞台"之称，它是在长期连续的大面积的地壳抬升运动中形成的。它以较大的高度区别于平原，又以较大的平缓地面和较小的起伏区别于山地。有的高原表面宽广平坦，地势起伏不大；有的高原则山峦起伏，地势变化很大。广阔的平坦高地，通常四面八方全是陡崖，但有时周围是高山。高原最本质的特征是：地势相对高差低而海拔相当高。高原分布甚广。

● 青藏高原

　　青藏高原是中国最大的高原，也是世界平均海拔最高的高原，有"世界屋脊"和"地球第三极"之称。大部分在中国西南部，包括西藏自治区和青海省的全部、四川省西部、新疆维吾尔自治区南部，以及甘肃、云南的一部分。整个青藏高原还包括不丹、尼泊尔、印度、巴基斯坦、阿富汗、塔吉克斯坦、吉尔吉斯斯坦的部分，总面积约250万平方千米。青藏高原周围大山环绕，南有喜马拉雅山，北有阿尔金山、昆仑山和祁连山，西为喀喇昆仑山，东为横断山脉。高原内还有唐古拉山、冈底斯山、念青唐古拉山等。这些山脉大多超过5500米，其中喜马拉雅山有16座山峰超过8000米。高原被山脉分隔成许多盆地、宽谷。湖泊众多，青海湖、纳木错等都是内陆咸水湖，盛产食盐、硼砂、芒硝等。高原是亚洲许多大河的发源地，如长江、黄河、澜沧江、怒江、雅鲁藏布江等都发源于此。

● 帕米尔高原

帕米尔高原地理上属亚洲中部，位于中国、塔吉克斯坦和阿富汗的边境上。帕米尔高原也是亚洲主要山脉的汇集处，包括喜马拉雅山脉、喀喇昆仑山脉、昆仑山脉、天山山脉、兴都库什山脉5大山脉。根据地形特点，帕米尔高原分为东西两部分。高原内高山峻岭交错。由于经受最大最快的隆起，常有强烈地震发生，由地震引起的山崩有利于形成新的湖泊。自然景观具有垂直地带性差异和东西差异，主要是由于高原地形的垂直差异和东西地形差异以及降水量从西向东显著减少而形成的。高原的基带属于荒漠带，地表主要是裸露的石质荒漠和冰碛物。西帕米尔由于相对高差大和降水较多，植被比东帕米尔丰富。

● 埃塞俄比亚高原

埃塞俄比亚高原位于非洲东部，是埃塞俄比亚中西部的高原，素有"非洲屋脊"之称。面积约80多万平方千米，平均海拔2500米，有许多熄火山高度在海拔3500米以上，其中西部的最高峰达尚峰，海拔4620米。埃塞俄比亚高原地势高峻，起伏不平，著名的东非大裂谷从东北至西南，把高原分为两半，高原上火山、巨谷、深湖交错。众多河流发源于此，主要有青尼罗河、阿特巴拉河、索巴特河、谢贝利河和朱巴河。埃塞俄比亚高原的自然条件有明显的垂直分带现象，海拔1800米以下的低地及河谷中气候湿热，为热带草原气候，局部湿地有热带森林分布。

● 东非高原

东非高原位于埃塞俄比亚高原以南，刚果盆地以东，赞比西河以北。面积约100万平方千米，平均海拔1200米。东非大裂谷由北向南延伸，裂谷中众多的深陷地往往积水成湖，分布有非洲最大的湖泊维多利亚湖和其他大大小小的湖泊，是非洲湖泊最集中的地区，因此有"湖泊高原"之称。火山活动以及巨量熔岩的叠置，在大裂谷两侧形成高耸的熔岩台地和巨大的火山锥，以及陡崖和阶地。非洲最高山峰乞力马扎罗火山就是位于裂谷东侧的一座死火山。南部为马拉维高地，地形以高原、台地为主，平均海拔不足2000米。东非高原属于热带草原气候，高原的气候地区差异较大，自然景观多种多样。

● 墨西哥高原

墨西哥高原位于北美大陆南部、墨西哥境内，高原占墨西哥全国面积的5/6。北起墨、美边界，东、西、南三面为马德雷山脉所环绕。面积66.6万平方千米。地势自西北向东南升高，分为两部分：北部高原海拔800到1000米，分布许多被低山环绕的沉积盆地，地势平坦；南部高原地势较高，海拔2000到2500米，因地处国土中心，又称"中央高原"。地形较崎岖，多宽广平坦的山间谷地和火山锥，土壤肥沃，气候温和，是墨西哥主要农业区。蕴藏丰富的铅、锌、锑、汞、银、锰、铜、铁、锰等矿产资源。

● 云贵高原

云贵高原是中国四大高原之一，位于中国西南部，云南省哀牢山以东和东南丘陵以西，包括云南省东部、贵州省全境，广西西北部和川、湘、鄂边境，其相关延伸部分包括老挝北部、缅甸东北部的掸邦高原和泰国北部。海拔在1000至2000米之间，地势西北高东南低，崎岖不平，高原中多山间盆地。云贵高原是典型的喀斯特地形，石灰岩广布，到处都有溶洞、石钟乳、石笋、石柱、地下暗河、峰林等。云贵高原由于地势较高，平均气温比相同纬度的省城低，但因为云贵高原纬度低的关系，因此冬季时也不比中国温带地区寒冷，在夏天也不会有酷热难当的天气，所以云贵高原有"四季如春"的美名。

● 内蒙古高原

内蒙古高原位于中国北部，位于大兴安岭以西，阴山及北山以北，马鬃山以东，北抵蒙古，包括内蒙古大部分地区及甘肃省的北部，横贯中国内蒙古自治区的高原，是中国的第二大高原。面积约34万平方千米，平均海拔1000到1200米。内蒙古高原戈壁、沙漠、沙地依次从西北向东南略呈弧形分布：高原西北部边缘为砾质戈壁，往东南为沙质戈壁；高原中部和东南部为伏沙和明沙。内蒙古高原开阔坦荡，地面起伏和缓，高原上既有草原，也有沙漠，是中国天然牧场和沙漠分布地区之一。防风固沙、保护草原、改良草场、合理放牧是本区资源合理利用与自然环境改造的主要任务。

● 黄土高原

黄土高原位于中国中部偏北，东起太行山，西至祁连山乌鞘岭，南连秦岭，北抵长城，主要包括山西、陕西以及甘肃、青海、宁夏、河南等省部分地区。面积约30万平方千米，海拔1000到2000米。黄土高原的地理位置比较特殊，即处于从平原向山地高原过渡、从沿海向内陆过渡、从湿润向干旱过渡、从森林向草原过渡、从农业向牧业过渡的地区，各种自然要素相互交错，自然环境条件不够稳定，表现为地震灾害、水旱灾害和气象灾害，以及水土流失、土壤侵蚀等自然灾害比较频繁和严重。地表黄土在雨水和流水的长期冲刷下，许多地方地表支离破碎，沟壑纵横。黄土高原地区蕴藏着丰富的煤炭、石油、铝土矿等资源，是中国重要的能源、化工基地。

● 亚美尼亚高原

亚美尼亚高原位于高加索山脉南部与土耳其东部。横跨土耳其、伊朗和亚美尼亚等国，是亚洲西部火山熔岩高原。主要由厄尔布尔士山脉、扎格罗斯山脉、托罗斯山脉和庞廷山汇聚而成，面积约40万平方千米，平均海拔1500到2000米。岩浆活动剧烈，多火山、地震、温泉和间歇泉。因高山融雪而发育许多河流，并常在断陷盆地中形成大小湖泊。最高峰为土耳其境内的大阿勒山，海拔5165米。各地气候差异较大，低地夏季干热，高地夏季温和，冬季漫长严寒，降水丰富。低地借灌溉种植果木、烟草、棉花、谷物、壳果。

● 巴西高原

巴西高原位于南美洲东部，巴西境内的广阔高原，介于亚马孙平原和拉普拉塔平原之间。面积约500万平方千米，海拔300到1500米，地面起伏平缓，向西、北倾斜。花岗岩、片麻岩、片岩、千枚岩、石英岩等古老基底岩系出露地表。其中东部岩性坚硬的石英岩、片岩部分，表现为脊状山岭或断块山，凸出于高原之上；西部即戈亚斯高原和马托格罗索高原，具有桌状高地特征。高原边缘部分普遍形成缓急不等的崖坡，河流多陡落成为瀑布或急流，切成峡谷。高原南跨亚热带，接近地球赤道，所以气候热，降水季节分配较均匀且量大，属于热带草原气候。主要生长着热带稀树草原植物，是南美洲杉木的盛产地域。

● 圭亚那高原

圭亚那高原位于南美大陆北部，奥里诺科平原与亚马孙平原之间，是南美洲第二大高原。全境包括委内瑞拉南半部、圭亚那全部、巴西北部和哥伦比亚东南的一部分。圭亚那高原其构造基础是南美洲陆台上升部分的圭亚那地盾，前寒武纪花岗岩、片麻岩、片岩等基底岩系广泛外露，久经侵蚀，形成海拔300到400米的丘陵状高原。地势从东南向西北倾斜，南部边缘部分较陡，岩性坚硬部分形成坡陡顶圆的蚀余山，一般海拔1000到1500米。海拔2771米的罗赖山为本高原的最高峰。属于热带气候，除中部山地和河谷地带覆盖热带雨林外，其余地区则以热带草原和热带稀树草原为主，产巴拉塔树、糖胶树、香子兰及药用植物等。

● 伊朗高原

伊朗高原是西亚中部高原，位于帕米尔高原和亚美尼亚高原之间，北邻里海、图兰低地和兴都库什山脉、厄尔布尔士山脉；南滨波斯湾、阿曼湾和阿拉伯海；东缘以苏莱曼山脉为界；西南缘是扎格罗斯山脉。面积约270万平方千米，海拔1000到1500米。内部地势起伏不大，多山间盆地，其间盐沼、荒漠广布。高原内部有卡维尔、卢特与雷吉斯坦三个荒漠。绝大部分地区属亚热带大陆性草原和沙漠气候，冬夏温差大、雨量少，水源大都来自高山降水。伊朗高原是亚热带干旱和半干旱气候，降水稀少，寒暑变化剧烈，温度年较差和日较差均很大。绝大部分地区为草原、荒漠，但可放牧。有水的绿洲可以种植小麦、棉花。有煤、铁、铅、锌、铜等矿。是古代丝绸之路的必经之地，近代仍为国际交通要冲。

● 掸邦高原

掸邦高原位于缅甸东部，几乎包括掸邦和克耶邦全境，一部分在曼德勒等省。东与中国、老挝、泰国等国的山地相接。面积约17万平方千米，海拔1500到2000米，最高点为琳峰，海拔2675米。高原核心是大型古老的花岗岩侵入体，其周围的接触带上多变质岩发育。高原面上喀斯特地貌发育，多褶皱山脉和大断裂带。水力资源丰富，最大湖泊茵莱湖。属热带季风气候，一年分凉、热、雨三季，雨量充沛。盛产珍贵的柚木。

● 梅塞塔高原

梅塞塔高原又称"中央卡斯蒂利亚高原"。占伊比利亚半岛的主要部分。分布于西班牙、葡萄牙两国境内。面积约21万平方千米，海拔600到800米。最高点为穆拉森山，海拔3478米。高原地形向西南倾斜，有杜罗河、塔霍河和瓜迪亚纳河等流贯并注入大西洋。中央科迪勒拉山地分高原为南北两半，北梅塞塔海拔约800米；南梅塞塔海拔约600到700米。由于北、东、南缘高山环绕，内陆较旱燥，西缘降水较多。

● 平 原

平原是指海拔较低的平坦的广大地区，海拔多在200米以下。平原以较低的高度区别于高原，以较小的起伏区别于丘陵。世界平原总面积约占全球陆地面积的1/4。平原的类型较多，按其成因一般可分为构造平原、侵蚀平原和堆积平原。平原区面积广大，土地肥沃，水网密布，交通发达，是经济文化发展较早较快的地方。

● 亚马孙平原

亚马孙平原位于南美洲北部亚马孙河中下游，介于巴西高原和圭亚那高原之间，西抵安第斯山麓，东滨大西洋，跨居巴西、秘鲁、哥伦比亚和玻利维亚4国领土，面积约560万平方千米，是世界上面积最大的平原。平原西宽东窄，地势低平坦荡。地处赤道附近，终年高温多雨，热带雨林广袤，拥有世界上最大的热带雨林区，蕴藏着世界1/5的森林资源。盛产乔木、红木、乌木、绿木等多种优质木材，被誉为"地球之肺"。亚马孙平原的野生动物种类也非常多：雨林中栖息着猴子、树懒、蜂鸟、金刚、鹦鹉、巨大蝴蝶和无数蝙蝠；水中生活着凯门鳄、淡水龟，以及水栖哺乳类动物，如海牛、淡水海豚等；陆地生活着美洲虎、细腰猫、貘、水豚、犰狳等。

● 东欧平原

东欧平原又称"俄罗斯平原"，位于欧洲东部，北起白海和巴伦支海，南抵黑海、亚速海、里海和高加索山，西界为斯堪的纳维亚山脉、中欧山地、喀尔巴阡山脉，东接乌拉尔山脉。面积约为400万平方千米，平均海拔170米。东欧平原的平均海拔虽然只有170米，但平原上既有许多海拔300米以上的丘陵，也有低于洋面的里海低地。由于地形波浪起伏，面积广大，各地的气候并不相同，动植物分布的差异也很大。从北向南，依次是严寒的苔原带、比较寒冷的森林带、气候适中的森林草原带、最南边的草原带。其中森林带占了平原总面积的一半以上。平原上有伏尔加河、顿河和第聂伯河等著名的大河。

● 西欧平原

西欧平原位于欧洲西部，西为布列塔尼半岛，北为北海，东为莱茵河，是法国最大的平原。西欧平原在欧洲大平原最西部，包括荷兰、比利时、法国西部和英国东南部。比利时和荷兰境内地势低平，沿海地区有许多地方在海平面以下。法国北部的巴黎盆地，是西欧平原中最大的一块地区。大不列颠岛东南部，丘陵起伏，又称为伦敦盆地。

● 西西伯利亚平原

西西伯利亚平原位于亚洲西北部，俄罗斯境内，介于乌拉尔山脉和叶尼塞河之间，南接哈萨克丘陵、萨彦岭，北滨喀拉海。面积约260万平方千米，是世界上著名大平原之一。地势低平，河网密布，鄂毕河纵贯全境，湖沼众多。属亚寒带、寒带大陆性气候。自北而南，苔原、森林、森林草原、草原景观平行分布，具典型的纬度地带性分布规律。大部分地区为亚寒带针叶林所覆盖。石油、天然气资源丰富，有著名的秋明油田区。

● 拉普拉塔平原

拉普拉塔平原介于安第斯山脉、巴西高原和巴塔哥尼亚高原之间，东临大西洋。平原北部称大查科平原，地面平展低洼，雨季排水不良，在沿河地带形成沼泽和湿地；南部为潘帕斯平原，地势坦荡平展，略向东倾斜，海拔多在150米以下。总面积约150万平方千米，自北向南跨越玻利维亚、阿根廷、巴拉圭、乌拉圭四国，其中60%的面积在阿根廷境内。

● 北美大平原

北美大平原亦称美洲大沙漠，北美洲主要自然地理区之一。北起马更些河三角洲，南抵美国、墨西哥边界的格兰德河，东接劳伦琴低高原和内陆低平原，西至落基山脉东麓。南北长4800千米，东西宽480到1120千米，面积约290万平方千米。西高东低，由落基山东麓的1800米向东逐步降至450米。构造为北美中部陆台，覆有深厚的自古生代到新生代水平沉积岩系，地面平坦，习称"大平原"。属于温带大陆性半干旱气候，东部发育有普列利亚草被群落。土层深厚肥沃，降水适中，是北美最重要农业区，产小麦、玉米、棉花、大豆、牲畜等。

● 图兰平原

图兰平原又称图兰低地，位于中亚地区哈萨克斯坦、乌兹别克斯坦和土库曼斯坦，北起哈萨克高地，东接天山和帕米尔阿莱山脉山麓，南抵科佩特山脉，西临里海。图兰平原是一个广大的内陆盆地，面积约150万平方千米。在第三纪前，曾被古地中海所淹没，第三纪后才抬升为陆地，今日的里海和咸海就是海侵的遗迹。地势低洼，大部分海拔不足100米，有不少地区低于海平面。由于远离海洋，深居内陆地区，因此气候干旱，有大面积沙漠分布，其中的卡拉库姆沙漠和克孜勒库姆沙漠是中亚两大著名的沙漠。

● 恒河平原

恒河平原位于南亚东部，西起亚穆纳河，东抵梅格纳河，北为西瓦利克山麓与印、尼国界线，南起德干高原北缘，面积约51.6万平方千米。由恒河及其支流冲积而成，恒河下游段与布拉马普特拉河汇合，组成下游平原与河口三角洲。地面平坦，河网纵横，土地肥沃，人口密集。工农业发达，城镇众多，交通便利，为印度、孟加拉国的主要经济地区。属热带季风气候，雨季易泛滥成灾。盛产水稻、玉米、油菜籽、黄麻、甘蔗等。

● 印度河平原

印度河平原由亚洲南部喜马拉雅山麓延伸至阿拉伯海，南北长1280千米，东西宽320到560千米，面积约26.6万平方千米。主要由印度河冲积而成，是印度文明的发源地。地面由北向南倾斜，习惯上划分上、下印度河平原，大部分地区现已沙化，形成了广阔的塔尔沙漠。印度河沿岸灌溉农业发达，盛产小麦、稻、棉花等。有科特里、苏库尔、古杜、当萨、真纳等大型水利灌溉工程。

● 中欧平原

中欧平原又称波德平原，位于波兰和德国的北部，北临波罗的海和北海，南接中欧山地和高原，西自莱茵河口，东至波兰东部的狭长地带。面积约30万平方千米，大部分地区海拔为50到100米，地势南高北低、东高西低，西部有些地区在海平面以下。地貌与第四纪冰川作用紧密相关，但由于玉木冰川只出现在易北河以东地区，因此以易北河为界东西两部分的地貌特征有明显的差异。西部冰碛地貌不显著，为起伏和缓的低平原，由沿海向内陆大致可分为低地带、沙质平原带；东部地区冰碛地貌保存较好，由沿海向内陆大致可分为沙丘带、底碛平原带、终碛丘陵带、冰水平原带和黄土带。平原内河网纵横，多湖泊和丘陵。农牧业发达，农产以黑麦、甜菜等为主，畜牧业尤为重要。

● 东北平原

东北平原又称松辽平原，位于中国大、小兴安岭和长白山脉之间，北起嫩江中游，南至辽东湾。南北长约1000多千米，东西最宽约400千米，面积约35万平方千米，是中国最大的平原。东北平原可分为3个部分：东北部主要是由黑龙江、松花江和乌苏里江冲积而成的三江平原；南部主要是由辽河冲积而成的辽河平原；中部则为松花江和嫩江冲积而成的松嫩平原。东北平原山环水绕、沃野千里，属温带湿润、半湿润气候，冬季气温低，封冻期长，但夏季气温高。南部辽河平原可二年三熟，其他为一年一熟。平原土壤肥沃，是著名的"黑土"分布区，腐殖质含量多，通气和蓄水性能好，是大豆、高粱、玉蜀黍、小麦、甜菜、亚麻的重要产区。也可以种植水稻，是中国早熟粳稻的重要产区之一。

● 华北平原

华北平原是中国第二大平原，面积约30万平方千米，主要由黄淮平原和海河平原组成。位于黄河下游，西起太行山和伏牛山，东到黄海和渤海，北依燕山山脉，西南到桐柏山和大别山，东南至苏、皖北部与长江中下游平原相连。跨北京市、天津市、河北省、山东省、河南省、安徽省和江苏省。华北平原地势低平，大部分地区海拔50米以下，地表平坦，一望无际。主要由黄河、淮河、海河冲积而成，所以又称黄淮海平原。华北平原在淮河以南属于北亚热带湿润气候，以北则属于暖温带湿润或半湿润气候。土壤为棕壤或褐色土，已熟化为农业土壤，是中国重要的农业区。

● 长江中下游平原

长江中下游平原是中国长江三峡以东的中下游沿岸带状平原，面积约20万平方千米，是中国三大平原之一。北界淮阳丘陵和黄淮平原，南界江南丘陵及浙闽丘陵。由长江及其支流冲积而成，包括江汉平原、洞庭湖平原、鄱阳湖平原、苏皖沿江平原、长江三角洲平原等。地势低平，海拔大多在50米左右。平原上湖泊众多，江湖串连，河道弯曲，河渠纵横，水田连片，是著名的棉花、水稻产地，也是著名的桑蚕丝、淡水鱼的生产基地。素有"水乡泽国"、"鱼米之乡"之称。

● 台南平原

台南平原位于中国台湾省西南部，也称嘉南平原，北起台湾省彰化，南至高雄，呈枣核形，南北长180千米，东西最宽达43千米，面积约4550平方千米，海拔均低于100米，为台湾省第一大平原。台南平原由大肚溪、浊水溪、曾文溪等河流三角洲组成，是包括云林、嘉义、台南、高雄等县市的滨海平原。平原地势平坦开阔，人烟稠密，溪渠交错，稻田密布，交通发达，为物产丰富的农业区，耕地面积占全岛的40%。

● 美索不达米亚平原

美索不达米亚平原位于伊朗高原，叙利亚台地，阿拉伯高原和亚美尼亚高原之间。大部分在伊拉克境内和叙利亚东北部。东起伊朗高原西缘，南抵波斯湾，西达叙利亚沙漠，北至亚美尼亚山区。因平原形状成弧形，又有"新月形沃地"之称。原是波斯湾一部分，由底格里斯河和幼发拉底河冲积而成。海拔多在200米以下，地势北高南低，北部地势起伏，南部多沼泽。气候干燥，东北部山区属地中海气候，其余属亚热带干旱、半干旱气候。产椰枣、大麦、玉米等。

● 关东平原

关东平原位于日本本州岛中南部，北、西连接山地，东、南沿太平洋和东京湾，主要属利根川和荒川流域。面积约1.6万平方千米，是日本最大的平原。平原上的河川多发源自北方及西方的山地，流向东方或南方。主要的河川有利根川、渡良濑川、鬼怒川、那珂川、荒川、多摩川及相模川。其中最为重要的是利根川，其流域面积占了关东平原的一半以上。平原气候温和，降水丰沛，初夏有梅雨，夏秋多台风。开发较早，是日本人口最密集、经济最发达的地区。以东京、川崎、横滨为中心的京滨工业地带，是全国第一工业地带。工业结构以重化工为主。农业发达，复种指数高，以旱田为主，蔬菜、水果、养蚕、养畜业较重要。

● 纳拉伯平原

纳拉伯平原是澳大利亚西南部的石灰岩平原，濒临大澳大利亚湾，东西横跨西澳大利亚、南澳大利亚两州。纳拉伯平原为干燥剥蚀的平原，平均海拔在200米以下，气候干燥，沿大澳大利亚湾延伸

2000多千米，沿岸垂直高差达100米，是世界上最大的断崖。"纳拉伯"在当地语言中是"没有树"的意思，平原上只有矮小的灌木，北部接近维多利亚大沙漠的边缘，是大自流盆地的一部分。西部是高原区，东部是大分水岭山地区，纳拉伯平原接近南半球西风漂流带，但因其位置处在大陆中部，所以气候相对比较干燥，只有在平原东南部降水较多。

峡谷瀑布篇

  峡谷是狭而深的河谷地形，峡谷两坡陡峭，横剖面常呈"V"字型，主要由河流强烈的向下侵蚀作用形成，河床上常有急流和瀑布出现。瀑布在地质学上叫跌水，即河水在流经断层、凹陷等地区时垂直地跌落。在河流的时段内，瀑布是一种暂时性的特征，它最终会消失。

● 峡　谷

  峡谷是指深度大于宽度谷坡陡峻的谷地。一般发育在构造运动抬升和谷坡由坚硬岩石组成的地段。峡谷一般形成在构造运动抬升的时候，当地面隆起速度与下切作用协调时，易形成峡谷。峡谷按其形成原因可分为三类：风蚀峡谷、水蚀峡谷和冰蚀峡谷。

● 科罗拉多大峡谷

  科罗拉多大峡谷位于美国西部亚利桑那州西北部的凯巴布高原上，总面积约2724平方千米。由于科罗拉多河穿流其中而得名，它是联合国教科文组织选为受保护的天然遗产之一。发源于落基山的科罗拉多河，在高原上共切割出19条主要峡谷，其中最深、最宽、最长的一个就是科罗拉多大峡谷。该峡谷起于马布尔峡谷，终端为格兰德瓦什崖，全长446千米，是世界上最长的峡谷之一。大峡谷的形状极不规则，大致呈东西走向，蜿蜒曲折。峡谷两岸北高南低，科罗拉多河在谷底汹涌向前，形成两山壁立、一水中流的壮观。1919年美国国会通过法案，将其中长约170千米、最深的一段峡谷辟为国家公园。

● 布赖斯峡谷

  布赖斯峡谷位于美国犹他州西南部，科罗拉多高原的一部分。是以拥有形态怪异、颜色鲜艳的岩石峡谷而闻名。峡谷内有14条深达300多米的山谷，约6000万年以前，该地区淹没在水里，有一层由淤泥、沙砾和石灰组成的沉积物。后来地壳运动使地面抬升，庞大的岩床在上升过程中裂成块状。岩层经风化后被刻蚀成各种各样的奇形怪石，其中所含的金属成分给一座座岩塔添上了奇异的色彩。

● 东非大裂谷

东非大裂谷是世界上最大的断层陷落带，纵贯东部非洲。大裂谷分东西两支：西支经鲁夸湖、坦噶尼喀湖、基伍湖、爱德华湖，延伸至艾伯特湖，略呈弧形；东支南起莫桑比克境内西雷河口，向北穿越肯尼亚全境，一直延伸到西亚的约旦河岸，全长5800千米。其中以肯尼亚境内的一段最具特征。这段峡谷两侧断壁悬崖，像筑起的两道高墙。茂密的原始森林覆盖着群山，无数热带野生动物生活在群山的怀抱中，一座座高大的死火山屹立在群山之中，在火山熔岩中蕴藏着大批古人类、古生物化石，是地质学、考古学、人类学的宝贵研究资料。裂谷底部是一片开阔的原野，有20多个狭长的湖泊。中部的纳瓦沙湖和纳库鲁湖是鸟类等动物的栖息之地，也是肯尼亚重要的游览区和野生动物保护区。南部马加迪湖产天然碱，是重要的矿产资源。

● 科尔卡峡谷

科尔卡峡谷是世界上最深的峡谷之一，位于秘鲁境内的安第斯山脉中，时常被云笼罩的白雪皑皑的山峰，屹立于谷地之上达3200米。峡谷看起来像是该山脉被一把大刀斩断了的裂缝，雨季时水流汹涌浑浊的科尔卡河蜿蜒于沿谷底散布的死火山间。在科尔卡峡谷上的山脉间有一条64千米长的山谷，林立着86座锥形火山，有些高达300米。它们有的从原野上隆起，有的位于山麓周围，是已固化的黑色熔岩。在一些火山锥上，长出了仙人掌和粗茎凤梨属植物。

● 韦尔东峡谷

韦尔东峡谷位于法国南部的普罗旺斯地区，峡谷本身仅19千米长，但在这样短的距离内，从峡谷上缘到河流的最大深度可达700米，从而成为法国最深、最长的峡谷。峡谷有些地方很窄，两岸的崖壁仅相距200

米。峡谷被切割成一系列厚厚的石灰岩地层，周围的石灰岩地区有许多溶洞。有时很难分辨出石灰岩是否曾在海底沉积过，并含有无法计数的无脊椎动物的残骸，这些无脊椎动物的钙质躯壳形成了大块的岩石。

● 雅鲁藏布大峡谷

雅鲁藏布大峡谷位于中国西藏雅鲁藏布江下游，是西藏东南部雅鲁藏布江切穿喜马拉雅山脉东段后形成的峡谷，全长504.9千米，最深为6009米。雅鲁藏布大峡谷整个峡谷地区冰川、绝壁、陡坡、泥石流和巨浪滔天的大河交错在一起，环境十分恶劣。雅鲁藏布大峡谷许多地区至今仍无人涉足，堪称"地球上最后的秘境"，是地质工作少有的空白区之一。

● 佩特罗斯大峡谷

佩特罗斯大峡谷是世界著名的风景区之一。峡谷东西走向，宽约100米，深约60米，将卢森堡市自然地分成南北新、老两个城区。宪法广场是观赏大峡谷及其两岸风光的最佳地点。大峡谷古木参天，郁郁葱葱，林木掩映，阳光从庞大的树冠中穿透过来，在地上洒下斑驳的光影。连接新旧两个市区的阿道夫大桥，是一座由石头砌成的高架桥，支撑桥梁的拱门左右对称，非常壮观，是欧洲地区杰出的建筑物之一，也是世界上跨径最大的石拱桥，卢森堡的市标之一。

● 红墩子峡谷

红墩子峡谷位于中国阿拉善地区红墩子山中，长约10余千米，主谷南北走向，约4千米，尽头由分为东南走向和西南走向两条峡谷，呈"Y"字型构造，遍布红色及红褐色的风蚀岩石，周围地势非常隐蔽。峡谷两侧橙红色的岩崖高耸，陡峭险峻，高达数十米，最高处达80米，从峡底望天，犹如一条细小曲折的裂缝，故有"一线天"之称。崖壁层层叠叠，布满大小石洞，许多石洞相互沟通，为岩羊、山鸽、鼯鼠等野生动物的天然巢穴，橙足鼯鼠的粪便还是贵重的中药材。

● 金口大峡谷

金口大峡谷地跨中国四川省的乐山市金口河区，西起乌斯河东至金口河。长 26 千米，谷底宽 70 至 200 米，局部小于 50 米，谷肩最大宽度约 8 千米。峡谷出口处河谷最低海拔约 580 米，峡谷北岸的大瓦山海拔 3222 米，使峡谷最大谷深达到 2600 米，其连续完整的峡谷长度和险峻壮丽程度世所罕见。由于地处横断山东缘地壳强烈上升地段，加上构成峡谷的基岩主要为坚硬的、层理呈水平状的白云质灰岩，使得金口峡成为我国大型河流上最为典型的嶂谷和隘谷，其特点是谷坡直立、谷地深窄、谷底几乎全为河槽占据，河滩不发育。

● 瀑　布

瀑布是指河流或溪水经过河床纵断面的显著陡坡或悬崖处时，成垂直或近乎垂直地倾泻而下的水流，在地质学上，是由断层或凹陷等地质构造运动和火山喷发等地表变化造成河流的突然中断。另外，流水对岩石的侵蚀和溶蚀也可以造成很大的地势差，从而形成为瀑布。

● 尼亚加拉瀑布

尼亚加拉河横跨美国纽约州与加拿大安大略省的边界。是连接伊利湖和安大略湖的一条水道，河流蜿蜒而曲折，南起美国纽约州的布法多，北至加拿大安大略省的杨格镇，全长仅 54 千米，海拔却从 174 米直降至 75 米，上游河段河面宽 2 至 3 千米，水面落差仅 15 米，水流也较缓。从距伊利湖北岸 32 千米起河道变窄，水流加速，在一个直角急转弯处，河道上横亘了一道石灰岩构成的断崖，水量丰富的尼亚加拉河经此，骤然陡落，形成了尼亚加拉瀑布。尼亚加拉瀑布有着世界七大奇景之一，与南美的伊瓜苏瀑布及非洲的维多利亚瀑布合称世界三大瀑布。

● 维多利亚瀑布

维多利亚瀑布位于南部非洲赞比亚和津巴布韦接壤区域，在赞比西河上游和中游交界处，是非洲最大的瀑布。宽 1700 多米，最高处 108 米，为世界著名瀑布奇观之一。宽度和高度比尼亚加拉瀑布大一倍。广阔的赞比西河在流抵瀑布之前，舒缓地流动在宽浅的玄武岩河床上，然后突然从约 50 米的陡崖上跌入深邃的峡谷。主瀑布被河间岩岛分割成数股，浪花溅起达 300 米，远自 65 千米之外便可见到。

● 伊瓜苏大瀑布

伊瓜苏大瀑布是世界上最宽的瀑布，位于阿根廷与巴西边界上。为马蹄形瀑布，宽4千米，是北美洲尼亚加拉瀑布宽度的4倍。伊瓜苏大瀑布在伊瓜苏河上，沿途集纳了大小河流30条之多，到了大瀑布前方，已是一条大江河了。从玄武岩崖壁陡落到巴拉那河峡谷，在总宽约4千米的河面上，河水被断层处的岩石和茂密的树木分隔为275股大大小小的瀑布，跌落成平均落差为75米的瀑布群。峡谷顶部是瀑布的中心，水流最大最猛，人称"魔鬼喉"。瀑布分布于峡谷两边，阿根廷与巴西就以此峡谷为界，阿根廷和巴西为保护这里的景观与相关的野生动植物，都在瀑布附近设立了国家公园，在阿根廷和巴西观赏到的瀑布景色也是截然不同。1984年，伊瓜苏大瀑布被联合国教科文组织列为世界自然遗产。

● 安赫尔瀑布

安赫尔瀑布又称丘伦梅鲁瀑布，位于委内瑞拉玻利瓦尔州的圭亚那高原，卡罗尼河支流丘伦河上。瀑布从德弗尔山上满青草的平坦山顶向下跌落979米，大约是尼亚加拉瀑布高度的18倍。瀑布先泻下807米，落在一个岩架上，然后再跌落172米，落在山脚下一个宽152米的大水池内。安赫尔瀑布深藏在委内瑞拉的高山密林之中，1935年美国探险家安赫尔发现此瀑布，后委内瑞拉政府将瀑布以安赫尔命名。

● 奥赫拉比斯瀑布

奥赫拉比斯瀑布是世界第五大瀑布，位于南非首都开普敦西北部的奥兰治河上。奥兰治河又称橘河，发源于莱索托高原上德拉肯斯山脉中的马洛蒂山，向西流经南非中部和南非与纳米比亚的边界后，于亚历山大贝注入大西洋。中下游流经干燥地带，支流稀少，水量的季节变化很大。河床呈阶梯状降落，形成著名的奥赫拉比斯瀑布，落差达122米，景色极为优美壮观。瀑布从高处分五段飞流直下到18千米长的雄壮的峡谷时，发出震耳欲聋的轰鸣声。科伊科伊人将之命名为奥赫拉比，意为"最大噪声之地"。

● 青尼罗河瀑布

青尼罗河瀑布在当地被称为"梯斯塞特"，意思是"冒烟的水"，青尼罗河源头在海拔2000米的埃塞俄比亚高地，全长680千米，穿过塔纳湖，然后急转直下，形成一泻千里的青尼罗河瀑布。在一条高55米的裂缝中，瀑布从天而降，时常形成美丽的彩虹。这里还栖息着多种野生动物和鸟类。旁边的塔纳湖并被认为是青尼罗河的发源地。湖中有大约20座岛屿，多有历史遗迹和文物。

● 基桑加尼瀑布

基桑加尼瀑布位于非洲刚果河的上游段，刚果河从高原突然坠落到平原，形成了世界上最长的基桑加尼瀑布。基桑加尼瀑布是由许多瀑布组成的瀑布群，瀑布群分布在100千米的河道上，跨越赤道，其中有7个比较大的瀑布，南边的5个瀑布相距较近，落差也不大。最大的一个瀑布宽800米，落差50米。在下游地段又有一系列的瀑布，其中"利文斯顿瀑布"，总落差有280米，这里两岸悬崖陡壁，河宽仅有400米，最窄的地方只有220米，汹涌咆哮的河水奔腾直下，气势壮观，因此蕴藏着丰富的水利资源。

● 图盖拉瀑布

图盖拉瀑布位于非洲南部，在南非纳塔尔省西部的图盖拉河上游，为图盖拉河上游河段穿过德拉肯斯堡山脉后下跌而成。它是一个瀑布群，总落差944米，由五级组成，其中最大一级的落差达411米。气势磅礴。是非洲落差最大的瀑布。附近有野生动物保护区和皇家纳塔尔国家公园。

● 卡巴雷加瀑布

卡巴雷加瀑布旧称"默奇森瀑布"，位于乌干达西北部维多利亚尼罗河上，西距注入蒙博托湖处32千米。整体瀑布落差120米，分三级，第一级落差40米，即卡巴雷加瀑布，河流切过壁立险岩，河身紧束，最窄处仅6米。河水奔腾咆哮，经陡崖直泻而下，形成40米高的瀑布，似银练飞舞，腾空而起，直泻而下，水花四溅，层层雾霭，声若雷鸣，远在十几里之外便可闻其声，十分壮观。谷底为一深潭，浪花鼎沸，水珠浮游，形成奇特的一道风景线。尼罗河自维多利亚湖流出后，水势湍急，此段河面仅宽6米，形成"瓶口"状，加上地势突然下降，便有了这一非洲著名的瀑布。

● 凯厄图尔瀑布

凯厄图尔瀑布位于圭亚那中部，在塞奎博河中游的支流波塔罗河上。波塔罗河自帕卡赖马高原下跌后，再下冲蚀26米直达底部的大岩石上，形成一道高大的瀑布，宽达91至106米，落差226米。属热带雨林气候。这里景色极为壮丽，1930年辟为凯厄图尔国家公园，为圭亚那的主要游览中心。

● 塔卡考瀑布

塔卡考瀑布位于加拿大不列颠哥伦比亚省东南部约霍河上。约霍国家公园的主要风景点。水源自瓦普提克山脉之戴利冰河融溶水流，由三级几成垂直线的瀑布组成，是加拿大第三高瀑。塔卡考是土著语"壮观"的意思。因为地球的温室效应，山顶的冰川大量融化，塔卡考瀑布以410米的落差发出巨响。在秋天，这里的水量也是惊人的多，巨大的水量从悬壁的边缘倾泻而出，两阶段地落入谷底，在几千米外就能听到轰鸣的水声。

● 黄金瀑布

黄金瀑布位于冰岛的雷克雅未克东北125千米处，塔河在这里形成上、下两道瀑布，下方河道变窄成激流。黄金瀑布是欧洲著名的瀑布之一，为冰岛最大的断层峡谷瀑布，宽2500米，高70米。倾泻而下的瀑布溅出的水珠弥漫在天空，天气晴朗时，在阳光照射下形成道道亮艳的彩虹。冬天，往下游倾泻的瀑布两侧，冻成了晶莹透亮的淡蓝色冰柱，恰似天然玉雕。由于那冰柱是在流动中形成的，极富动感，层次鲜明。

● 古斯佛瀑布

古斯佛瀑布位于冰岛首都雷克雅未克东北125千米外，宽2500米，高70米，为冰岛最大的断层峡谷瀑布，塔河在这里形成上、下两道瀑布，下方河道变窄成激流。

● 莱茵瀑布

莱茵瀑布是欧洲最大的瀑布，位于德国与瑞士的边境，瑞士沙夫豪森州和苏黎世州交界处的莱茵河上。莱茵瀑布宽150米，落差23米。莱茵瀑布已有1万多年历史。2万年前尚无瀑布，后因冰川活动和莱茵河改道，形成了现在的景象。自古以来这里就是著名的观光胜地。

● 萨瑟兰瀑布

萨瑟兰瀑布位于新西兰南岛中西部的库克山上。库克山海拔3770多米，峰峦重叠，景色瑰丽，高坡上是斑斑积雪，萨瑟兰瀑布从580米处倾泻而下，以580米的落差成为南半球第一大瀑布，也是世界上最高的瀑布。它的周围除了悬崖峭壁外，还有繁茂的热带雨林。

● 孔恩瀑布

孔恩瀑布位于老挝占巴寨省湄公河段上。瀑布由两部分组成，西边的是桑法尼瀑布，地势较高，枯水时断流；东边的名为发芬瀑布，是孔恩主瀑。孔恩瀑布总宽9千米，落差15至24米。孔恩瀑布号称东南亚之最，是世界流量最大的瀑布。

● 百胜滩瀑布

百胜滩瀑布位于菲律宾群岛，距马尼拉东南约105千米。百胜滩瀑布落差约100米，有19处巨石横陈，水量极其充沛。由大瀑布冲击而成的百胜滩是一个大山坑，沿途九曲十八弯，激流急滩涌现不绝，两岸景物变化无穷。一些喜爱冒险的年轻人会乘坐木筏穿过瀑布，感受奔流直下的瀑布那千军万马一般的冲击力。泛舟河上，在沿途可看到由岩壁和热带树木所形成的溪谷美景。

● 胡卡瀑布

胡卡瀑布位于新西兰北岛的奥克兰地区，在陶波北方3千米处的怀拉基观光公园内。浅蓝如宝石的怀卡托河，由12米高的河道断层冲泻而下，河水因隘口及断层的作用，产生喷射及向下的巨大动力，形成泡沫般的水瀑渲泻而下，故当地人称此瀑布为"胡卡"，也就是泡沫的意思。瀑布旁有游客信息中心，有许多位置不错的观景台。

● 优胜美地瀑布

优胜美地瀑布是北美洲落差最大的瀑布，位于美国加州谢拉内华达山区，属于优胜美地国家公园。瀑布全高为739米，可分为上优胜美地瀑布和下优胜美地瀑布二段。上优胜美地瀑布水量较少，落差却高达436米，这一段瀑布独自的高度已可列入全世界20个最高瀑布当中，有数条从优胜美地谷地，或是外部山区的登山步道可达此瀑布的顶端或底部，主要的水源来自鹰溪平原的支流优胜美地溪，多个水道在此汇集，并自峭壁顶端猛烈冲击而下，造成了上优胜美地瀑布。下优胜美地瀑布落差近100米，有相当容易的步道可达，因此往往是游客最多的地方，优胜美地溪到此往默塞德河流去，如同该山区的其他溪流，优胜美地溪在这里产生了许多激流和乱流，整个地形也相当潮湿与湿滑。

● 黄石下瀑布

黄石下瀑布位于美国西北部怀俄明、蒙大拿和爱达荷三州交界处的黄石国家公园内。黄石河流经的黄石峡谷，纵贯公园北部，谷长24千米，深400米，宽约500米，谷窄且深，两侧从橙黄色到桔红色的岩层形成两条曲折彩带。这里地势虽高，但水源充沛。在峡谷的起点，黄石河冲出若干瀑布，有上瀑布、下瀑布、高塔瀑布、火洞瀑布、彩虹瀑布等，其中最著名的是下瀑布，落差94米，比尼亚加拉瀑布高一倍。

● 阿卡卡瀑布

阿卡卡瀑布位于美国夏威夷州夏威夷岛的东北部。是州立阿卡卡瀑布公园的主要景观。位于离海岸6.5千米的峡谷中，穿热带密林而下，注入科莱科莱河潭，落差128米。

● 圣安妮瀑布

圣安妮瀑布位于加拿大东部最大的省魁北克，在魁北克市郊东边约40千米的圣安妮山，在圣安妮大峡谷，74米高的圣安妮瀑布奔腾咆哮着从高处倾泻而下，气势磅礴、汹涌澎湃的瀑布水猛烈地拍打着岩岸，激起千层水雾，雾霭缭绕。这使对面高处观景台上的游客恰似从天上飘来的仙客。在谷底，有一片直径15米的锅状深池。在距离谷底55米、以麦克尼科兄弟命名的吊桥上，游客可以直面圣安妮瀑布奔腾不息的奇观。

● 蒙特伦西瀑布

蒙特伦西瀑布位于加拿大魁北克省的西边，是蒙特伦西河注入圣罗伦斯河时所形成的瀑布。它的声势非常之浩大，因为它落差有83米，是尼亚加拉瀑布的1.5倍，大量的水从峭立的悬崖倾泻直落圣罗伦斯河，发出震耳欲聋的声响，气势相当雄伟。在瀑布旁沿着山壁建有阶梯，还有许多近距离的观瀑小径、凉亭、桥梁，可以让游客更易感受到瀑布的壮观景色。

● 卡兰博瀑布

卡兰博瀑布是位于赞比亚、坦桑尼亚边境上的瀑布。在赞比亚姆巴拉西北32千米。地处卡兰博河的火山岩峡谷中，在10千米内落差达915米。出口处悬崖壁立，以高215米的瀑布陡落坦噶尼喀湖，气势雄伟。是非洲落差第二大又不间断的瀑布。

● 黄果树瀑布

黄果树瀑布位于中国贵州省安顺市镇宁布依族苗族自治县境内的白水河上。周围岩溶广布，河宽水急，山峦叠嶂，气势雄伟，历来是连接云南、贵州两省的主要通道。白水河流经当地时河床断落成九级瀑布，黄果树为其中最大一级。瀑布宽30米，落差66米。以水势浩大著称，也是世界著名大瀑布之一。瀑布对面建有观瀑亭，游人可在亭中观赏汹涌澎湃的河水奔腾直泄犀牛潭。腾起水珠高90多米，在附近形成水帘。瀑布后绝壁上凹成一洞，称"水帘洞"，洞深20多米，洞口常年为瀑布所遮，可在洞内窗口窥见天然水帘之胜境。

● 壶口瀑布

壶口瀑布是中国黄河中游流经秦晋大峡谷时形成的一个天然瀑布。西临陕西省宜川县，东濒山西省吉县，距陕西省宜川县城40千米，距山西吉县城西南约 25 千米。瀑布宽达 50 米，深约 50 米。是中国仅次于贵州省黄果树瀑布的第二大瀑布。滚滚黄河水至此，300 余米宽的洪流骤然被两岸所束缚，上宽下窄，在 50 米的落差中翻腾倾涌，声势如同在巨大无比的壶中倾出，故名"壶口瀑布"。

河流运河篇

河流是地球上水分循环的重要路径，对全球的物质、能量的传递与输送起着重要作用。流水还不断地改变着地表形态，形成不同的流水地貌，如冲沟、深切的峡谷、冲积扇、冲积平原及河口三角洲等。河流是陆地表面上经常或间歇有水流动的线形天然水道。运河则是用以沟通地区或水域间水运的人工水道。

● 河 流

河流，是由一定区域内地表水和地下水补给，经常或间歇地沿着狭长凹地流动的水流。河流是地球上水文循环的重要路径，是泥沙、盐类和化学元素等进入湖泊、海洋的通道。河流是陆地表面上经常或间歇有水流动的线形天然水道。

● 尼罗河

尼罗河纵贯非洲大陆东北部，流经布隆迪、卢旺达、坦桑尼亚、肯尼亚、乌干达、刚果、埃塞俄比亚、苏丹、埃及，跨越世界上面积最大的撒哈拉沙漠，最后注入地中海。全长6671千米，为世界最长的河流。流域面积约287万平方千米，约占非洲面积的10%。尼罗河流域分为7个大区：东非湖区高原、山岳河流区、白尼罗河区、青尼罗河区、阿特巴拉河区、喀土穆以北尼罗河区和尼罗河三角洲。

● 多瑙河

多瑙河是一条著名的国际河流，是世界上流经国家最多的一条河流。它发源于德国西南部黑林山东麓海拔679米的地方，自西向东流经奥地利、捷克、斯洛伐克、匈牙利、克罗地亚、前南斯拉夫、保加利亚、罗马尼亚、乌克兰等9个国家后，流入黑海。多瑙河全长2850千米，是欧洲第二大河。多瑙河沿途接纳了300多条大小支流，形成的流域面积达81.6万平方千米。

● 亚马孙河

亚马孙河是南美洲第一大河，也是世界流域最广、流量最大的河流。源于南美洲安第斯山中段、秘鲁的科罗普纳山东侧。亚马孙河流经秘鲁、厄瓜多尔、哥伦比亚、委内瑞拉、圭亚那、苏里南、玻利维亚和巴西等国。最终在巴西的马腊若岛附近流入大西洋。全长6400多千米，其支流有上千条，与干流共同组成总长度达6万余千米的亚马孙河水系，其流域面积705万平方千米，约占南美大陆面积的40%。

● 黄　河

黄河发源于中国青海省巴颜喀拉山脉，流经青海、四川、甘肃、宁夏、内蒙古、陕西、山西、河南、山东9个省区，最后于山东省东营市垦利区注入渤海，全长5464千米，流域面积75.24万平方千米，是中国第二长河，仅次于长江，也是世界第五长河流。黄河中游因河段流经黄土高原，支流带入大量泥沙，使黄河成为世界上含沙量最高的河流。

● 伏尔加河

伏尔加河是欧洲第一长河，发源于俄罗斯加里宁州瓦尔代高地，向南注入里海。河流全长3530千米，流域面积约136万平方千米。伏尔加河是平原型河流，河源海拔仅228米。上游气候湿润，径流量大，河网密布，越往下游气候越干燥，河网越稀。从卡梅申附近至河口800千米河段内无支流，形成典型的树枝状水系。

● 乌拉尔河

乌拉尔河是亚欧两洲的界河。源出乌拉山脉克鲁格拉亚峰附近，曲折南流注入里海，属内陆河。长2428千米，流域面积约23.1平方千米。奥尔斯克以上为上游，属山地河流；奥尔斯克以下的中下游段为平原河流。上、中、下游分别流经俄罗斯境内的森林、草原、半荒漠和荒漠地带。

● 第聂伯河

第聂伯河源于俄罗斯西北的瓦尔代丘陵南麓，向南流经白俄罗斯、乌克兰，注入黑海。长约2285千米，流域面积约50.4万平方千米。主要支流有杰斯纳河、索日河、普里皮亚季河等。上游有运河同涅曼河、西布格河及西德维纳河相通。建有克烈缅楚格、第聂伯、卡涅夫、第聂伯罗捷尔任斯克和卡霍夫卡、基辅等6座水电站。

● 莱茵河

莱茵河发源于瑞士境内的阿尔卑斯山北麓，西北流经列支敦士登、奥地利、法国、德国和荷兰，最后在鹿特丹附近注入北海。全长1320千米，流域面积约22.4万平方千米，是西欧第一大河。莱茵河流经德国的部分长865千米，流域面积占德国总面积的40%，也是德国最长的河流。莱茵河是具有历史意义和文化传统的欧洲大河之一，也是世界上最重要的工业运输大动脉之一。莱茵河航运十分方便，是世界上航运最繁忙的河流之一。

● 易北河

易北河发源于捷克和波兰交接的苏台德山脉，向南进入捷克，再流成一个弧形转向西北流入德国，经汉堡流入北海。是中欧地区的主要航运河道。易北河全长1165千米，约1/3流经捷克共和国，2/3流经德国，流域总面积约15万平方千米。主要支流，左岸有伏尔塔瓦河、奥赫热河、穆尔德河和萨勒河；右岸有伊塞河、黑鹊河、哈弗尔河和阿尔斯特河。

● 塞纳河

塞纳河是法国北部大河，主流源头位于勃艮第地区，科多尔省的首府第戎西北30千米的朗格勒高原，流经奥布省的首府特鲁瓦，穿过巴黎市中心，经过诺曼底的鲁昂，到达勒阿弗尔入海，流入英吉利海峡。全长780千米，包括支流在内的流域总面积约7.9万平方千米，是欧洲有历史意义的大河之一，其排水网络的运输量占法国内河航运量的大部分。北部支流有马恩河、瓦兹河、奥布河；南部支流有约纳河、厄尔河。

● 卢瓦尔河

卢瓦尔河是法国最长的河流，发源于中央高原东部维瓦赖山，属阿尔代什省境。河流先向北流，至迪关转向西北流，经法国中部，至奥尔良后蜿蜒西流，在圣纳泽尔附近注入大西洋比斯开湾。河流全长1020千米，流域面积约11.8万平方千米。卢瓦尔河主要支流有：阿鲁河、阿列河、科松河、谢尔河、安德尔河、维埃纳河等。

● 泰晤士河

泰晤士河是英国最长的河流，发源于英格兰西南部的科茨沃尔德山，沿途汇集了英格兰境内的诸多细流，河水从西部流入伦敦市区，伦敦下游河面变宽，形成一个宽度为29千米的河口，最后经诺尔岛注入北海。全长338千米，流域面积约1.1万平方千米。河床坡降微缓，水位稳定，冬季流量较大，很少结冰。泰晤士河是伦敦用水的主要来源，也是全世界水面交通最繁忙的都市河流和伦敦地标之一。

● 塞内加尔河

塞内加尔河是非洲西部河流，发源于几内亚富塔贾隆高原，流经几内亚、马里、塞内加尔以及毛里塔尼亚等国家，注入大西洋。河流全长1430千米，形成一个大弯曲，围绕塞内加尔的富塔和费尔洛的干旱平原，流域面积约44万平方千米。塞内加尔河上游流经多雨的高原地区，在马里的卡伊以上河段多急流和瀑布。卡伊以下河段蜿蜒于地势低平的草原地带，两岸支流稀少，没有瀑布和急流，河床比较平缓，河道曲流发育。在河口处，由于大西洋沿岸漂流和贸易风的影响，形成一个狭窄的大沙洲，横卧河口，并逐渐向南发展，成为航运的障碍。

● 冈比亚河

冈比亚河是西非的较大河流，发源于几内亚富塔贾隆高原，在凯杜古附近流入塞内加尔境内，之后向西北方向曲折前进约320千米到达冈比亚边境，最后蜿蜒向西注入大西洋。全长1120千米，流域面积约7.7万平方千米。河道弯曲，多岛屿和瀑布，中游多沼泽，下游临近海口处河床变宽，达20千米，河口以上350千米河段可通航。除在右岸有几条间歇性支流以外，只有一条永久性支流库伦图河，从几内亚向北在冈比亚边境汇入。冈比亚河东西横贯冈比亚，在其境内长达472千米，水深谷宽，水流湍急，是冈比亚国内交通运输的主要通道。

● 刚果河

刚果河又称扎伊尔河，是非洲第二长河。源于赞比亚东北部的赞比西河，呈向北弯曲的大弧形，两次穿越赤道，然后向西南穿过高地和利文斯顿瀑布群注入大西洋。全长约4640千米，流域面积约370万平方千米。在这片广阔的流域，密集的支流、副支流和小河分成许多河汊，构成一个扇形河道网。刚果河干流两次穿过赤道，大小支流都处在赤道多雨区，这里生长着茂密的热带雨林，所以流量巨大而稳定。刚果河主要支流有乌班吉河、夸河和桑加河。

● 赞比西河

赞比西河是非洲南部的最大河流，也是非洲大陆流入印度洋的第一大河。它发源于赞比亚西北部边境海拔130米的山地，干流流经安哥拉、纳米比亚、博茨瓦纳、津巴布韦、赞比亚和莫桑比克等国，支流还流经马拉维，干流注入莫桑比克海峡，全长2574千米，流域面积约139万平方千米。河水补给充足，流量随降水季节变化较大。多瀑布、急流，河上瀑布达72处，其中最大的维多利亚瀑布为世界著名宽幅瀑布。整个流域为非洲经济较发达地区。

● 墨累河

墨累河是澳大利亚主要河流，也是澳大利亚一条唯一发育完整的水系。发源于澳大利亚阿尔卑斯山脉，于阿德莱德附近入海。当它往西北方流时，成为维多利亚州与新南威尔士州的边界。全长3719千米，流域面积约100万平方千米。墨累河由数十条大小支流组成，如达令河、拉克伦河、马兰比吉河、米塔米塔河、奥文斯河、古尔本河和洛登河等；其中最大的是达令河，其次是马兰比吉河。河流流量不大，季节涨落变化较大，每逢冬季涨水时，从河口上溯300千米河段可航行小船；干季水浅，河口沙洲阻碍航行。

● 弗林德斯河

弗林德斯河是澳大利亚昆士兰州北部最大的一条间歇性河流，发源于格雷戈里岭西南坡查特斯堡以西160千米处，河流先向西流经休恩顿和里士满，然后蜿蜒曲折向西北转向北流，最后汇入阿拉弗拉海卡奔塔里亚湾。河流全长837千米，流域面积约10.77万平方千米，只有最下游长约113千米的河道为常流河，中、上游干流及其支流多为间歇性河流，汛期时才有水。弗林德斯河主要支流有：达顿河、斯托尔河、阿利克河、萨克斯比河以及克朗克里河等。

● 密西西比河

密西西比河是北美洲最长、流域面积最广、水量最大的河流。发源于美国明尼苏达州西北部海拔501米的艾塔斯卡湖，向南注入墨西哥湾。全长6262千米，流域面积约322万平方千米，占北美洲总面积的1/8。密西西比水系为美国中南部农业灌溉及工业、生活用水提供了丰富的水源，且航运价值很大。近50条干支流的通航里程约达2.6万千米，流域有多条运河与五大湖圣劳伦斯航道相同，构成江河湖海、四通八达的现代水运网。

● 马更些河

马更些河是加拿大第一长河，源流阿萨巴斯卡河和皮斯河均源于加拿大落基山脉东麓。阿萨巴斯卡河向东北注入阿萨巴斯卡湖，出湖后与皮斯河汇合成奴河，向北入大奴湖；出湖后始称马更些河，向西北流，最后入北冰洋波弗特海。从皮斯河支流芬利河源头起算，全长4241千米，为仅次于密西西比河的北美洲第二长河。流域面积约181万平方千米，也是全球流经北极苔原地区的最大河流。

● 萨斯奎汉纳河

萨斯奎汉纳河是美国东海岸最长的河流，源于纽约州南部的奥齐戈湖，源流为纽约州奥齐戈县境内的海登河。河流先向西南方向流，在塞尔附近进入宾夕法尼亚州后转向南流，至托旺达后转向东南流，到威尔克斯巴里后转向西南流，最后在格雷斯港附近注入大西洋的切萨皮克湾。河流穿过阿巴拉契亚山脉和皮德蒙特高原。河流全长719千米，流域面积7.1万平方千米。主要支流有尤纳迪拉河、奥齐利克河、希芒河、舒格河、怀厄卢辛河、唐克汉诺克河、拉克万纳河、西萨斯奎哈纳河以及朱尼亚塔河等。

● 莫比尔河

莫比尔河是美国东南部亚拉巴马州的一条河流，由亚拉巴马河与通比格比河汇合而成。河流由北向南流，最后在莫比尔附近注入墨西哥湾的莫比尔湾。干流全长72千米，若从亚拉巴马河源流埃托瓦河源头算起，全长1245千米，流域面积11.55万平方千米。莫比尔河流域水能资源较为丰富，已进行充分的开发和利用，在干支流上还建有韦斯、班克黑德、洛根马丁、萨曼特、丹纳利等较大水库。

● 科罗拉多河

科罗拉多河是北美洲西部主要河流，源出美国科罗拉多州中北部的南落基山脉中的弗兰特岭西坡，向西南流经犹他、亚利桑那、内华达、加利福尼亚等州和墨西哥西北端，注入加利福尼亚湾。全长2333千米，其中145千米在墨西哥境内，流域面积64.7万平方千米。落基山区降水较多，并有冰雪融水补给，因此上游水量较为丰富，支流较多。中、下游地区大部分属干旱、半干旱气候，支流较少，水量渐减。河流含沙量很高，河水混浊，呈暗褐色。干支流多峡谷，河床比降大，水力资源丰富，开发后主要用于灌溉和发电。科罗拉多河流域生态环境壮观，各种鸟类在河流上空飞翔，各种动物集中在河岸休息，野生动物们给这条河带来了生气。

● 哥伦比亚河

哥伦比亚河是北美洲西部大河之一，源于加拿大落基山脉西坡海拔820米的哥伦比亚湖，河流从源头向西北方向流出300多千米后，急剧转弯，绕塞尔基尔克山脉向南奔流，通过上下箭湖，接纳支流库特内河的来水后，进入美国华盛顿州东部地区，绕一个大弯后，向西在俄勒冈州和华盛顿州之间形成州界，最后在俄勒冈州的阿斯托里要塞注入太平洋。全长2044千米，流域面积约42万平方千米。主要支流包括库特内河、庞多雷河、奥卡诺根河、斯内克河、亚克莫河等。以融雪补给为主，部分靠冬季降水。干支流建有大小水坝多座，用于灌溉和发电。大古力水电站是美国规模最大的水电站。哥伦比亚河泥沙含量小，是流域内重要的工农业水源。

● 丘吉尔河

丘吉尔河位于加拿大萨斯喀彻温省和马尼托巴省北部，是加拿大地盾区的主要河流，河流源于加拿大草原西部萨斯喀彻温省西部拉洛什附近的特诺湖，河流向东流，进入马尼托巴省转向东北，最后注入哈得孙湾。河流全长1609千米，流域面积约28.1万平方千米。丘吉尔河处在马更些河与纳尔逊水系之间，大部分区域属于加拿大地盾区，河流流经之处有无数湖泊，其中面积较大有伍拉斯顿湖、伦迪尔湖、拉龙日湖、弗罗比舍湖以及丘吉尔湖等。丘吉尔河较大支流有比弗河、伦迪尔河、小丘吉尔河等。

● 育空河

育空河是北美洲西北部大河，北美第三长河。源出加拿大境内落基山脉西麓，向西北流经阿拉斯加，横贯育空高原，在高原西侧注入白令海。全长3185千米，流域面积约85万平方千米。位于加拿大境内的上游地区，河流深切高原，峡谷幽深；中游河谷宽阔，蜿蜒曲折，干流发育有河曲带，宽达46千米，湿地广布；下游与科尤库克河的下游共同形成面积广大的河口三角洲，地势低平，沼泽遍布，潮水可上溯160千米。以冰雪融水补给为主，7月、8月为洪水期，道森以下通航便利。但由于位置偏北，气候严寒，一年中有9个月封冻，降低了其航运价值。

● 格里哈尔瓦河

格里哈尔瓦河位于墨西哥东南部，源河叫奎尔科河，发源于危地马拉马德雷山与墨西哥索科努斯科山之间的山间谷地。河流先向西北流，在拉斯德利西亚斯西南25千米处进入墨西哥，进入墨西哥以后，河流继续向西北流经恰帕斯州，至内察瓦尔科约特水库后先转向北流，再转向东沿恰帕斯州、塔巴斯科州边界流，至维利亚埃莫萨再次转向东北，接纳乌苏马辛塔河主干后，在阿尔瓦罗奥夫雷贡西北10千米处注入墨西哥湾的坎佩切湾。河流全长 766 千米，流域面积约 5.22 万平方千米。格里哈尔瓦河流域主要支流有嫩通河、圣米格尔河、大萨利纳斯河、圣多明各河、苏恰帕河、本塔河等。

● 长 江

长江是中国第一长河，世界第三长河。源于青海省西南边境、海拔6621 米的唐古拉山脉主峰各拉丹冬雪山，注入东海。全长 6300 千米，流域面积 180 万平方千米，约占全国土地总面积的 1/5。习惯以湖北省宜昌和江西省湖口为界，划分为上、中、下游。主要支流有汉江又称汉水，是长江最长的支流。雅砻江、岷江、嘉陵江、乌江、湘江、沅江、赣江等。中国长江三峡，黄河干流的刘家峡、青铜峡等，是修建水库坝址的理想地段。中国大部分的淡水湖分布在长江中下游地区，面积较大的有鄱阳湖、洞庭湖、太湖和巢湖。

● 珠 江

珠江是中国南方最大河系，与长江、黄河、淮河、海河、松花江、辽河并称中国七大江河。旧称粤江，是中国境内第三长河流。珠江地跨云南、贵州、江西、湖南、广西、广东等省区，主要干支流总长约 1.1 万千米，流域面积约 45 万平方千米。没有统一的河道和入海口，这在世界大河水系中极为少见。

● 黑龙江

黑龙江因所流经的地方森林茂密、水草丰富，土壤中含有黑色腐殖质，使江水呈现青黑色而得名。穿越中国、俄罗斯、蒙古 3 个国家。自上源海拉尔河东流，至俄罗斯境内注入鄂霍次克海，全长 4370 千米，流域面积达 184.3 万平方千米，在中国境内长度为 3400 多千米，流域面积约 88.7 万平方千米。黑龙江干流江阔水深，水流平稳，航运条件优越。流域冬季严寒，封冻层坚厚，可行驶各种车辆，因此黑龙江有"水陆交通两用线"之称。

● 雅鲁藏布江

雅鲁藏布江是世界海拔最高的大河，也是中国西藏自治区最大的河流。发源于西藏西南部喜马拉雅山北麓的杰马央宗冰川，上游称为马泉河。由西向东横贯西藏南部，绕过喜马拉雅山脉最东端的南迦巴瓦峰转向南流，经巴昔卡出中国境进入印度后，称布拉马普特拉河，流经孟加拉国与恒河相会，称为贾木纳河，最后由孟加拉湾注入印度洋，中国境内全长2057千米。干流河谷沿东西向的断裂带发育，流域呈东西向的狭长带，支流多而短小，较大支流有拉萨河、帕隆藏布、易贡藏布、拉喀藏布、年楚河等。

● 怒 江

怒江是中国西南地区的大河之一，又称潞江。发源于青藏高原的唐古拉山脉的吉热格帕峰南麓，穿行于怒山和高黎贡山之间，经云南入缅甸称萨尔温江，从毛淡棉注入印度洋的安达曼海。全长3200千米，中国境内部分长2013千米。上游除高大雪峰外山势平缓，河谷平浅，湖沼广布，中游处横断山区，山高谷深，水流湍急。两岸支流大多垂直入江，干支流构成羽状水系。水量以雨水和冰雪融水补给为主，大部分集中在夏季，多年变化不大，水力资源丰富。

● 钱塘江

钱塘江是中国浙江省第一大河，发源于安徽省休宁县西南，至浙江杭州流入杭州湾。河流全长605千米，流域面积约4.88万平方千米。钱塘江河口呈巨大的喇叭形，杭州湾口南北两岸相距约100千米，至钱塘江口缩小到20千米，再上至海宁盐官，仅为2.5千米。此河段受江面束窄、河床隆起的影响，潮波破裂汹涌，形成天下奇观"钱塘江潮"。地势从西南向东北倾斜，干流依势向东北注入杭州湾。河流呈羽状水系。

● 海 河

海河是中国华北地区主要的大河之一，由北运河、永定河、大清河、子牙河、南运河五条河流自北、西、南三面汇流至天津后东流到大沽口入渤海。海河水系的分布呈扇形，华北平原众多的河流通过各条支流辗转流入五大干流，最后又汇入海河。地跨京、津、冀、晋、鲁、豫、辽、内蒙古8省区。流域面积为26.4万平方千米，是中国华北地区最大水系。

● 额尔齐斯河

额尔齐斯河是中国唯一流入北冰洋的河流，源出中国阿尔泰山西南坡，山间两支源头。喀依尔特河和库依尔特河汇合后成为额尔齐斯河，自东南向西北奔流，将喀拉额尔齐斯河、克兰河、布尔津河、哈巴河、别列则克河等北岸支流汇入后，流入哈萨克斯坦境内，再向北经俄罗斯的鄂毕河注入北冰洋。全长5410千米，在中国境内长546千米，流域面积5.7万平方千米。河水中多产鱼，接近边境处河面宽达千米，可通轮船。流域内众多的支流均从干流右岸汇入，形成典型的梳状水系。

● 恒 河

恒河是亚洲南部著名大河。发源于西藏边界印度一侧喜马拉雅山脉南部，有些支流最上源在中国境内。全长2580千米，中上游在印度境内，下游500多千米在孟加拉国境内。恒河流域有着次大陆最大的河系。水的补给在一定程度上依靠西南季风带来的雨水，以及热季中喜马拉雅山脉融雪汇成的流水。其大部流程为宽阔、缓慢的水流，流经世界上土壤最肥沃和人口最稠密地区之一。

● 叶尼塞河

叶尼塞河位于亚洲北部，中西伯利亚高原西侧，是俄罗斯水量最大的河流。自南向北将俄罗斯分为东、西对称的两半，西部为西西伯利亚平原和东欧平原，东部为中西伯利亚高原和山地。由源出东萨彦岭和唐努山的大、小叶尼塞河汇合而成。曲折向北流，注入北冰洋喀拉海的叶尼塞湾。全长5540千米，流域面积为270.7万平方千米，共有大小支流约2万条，主要支流分布在右岸。

● 鄂毕河

鄂毕河是俄罗斯大河之一，位于北亚地区，源自阿尔泰山，以最大支流源于中国境内的额尔齐斯河河源算起，全长5410千米，流域面积299万平方千米。自东南向西北流，纵贯西西伯利亚平原，注入北冰洋喀拉海的鄂毕湾。流域内有多种自然带，最南部是半荒漠带，中部为沼泽、泰加林带，北部是辽阔的苔原带。河两岸森林广阔，盛产生长松、冷杉、白杨、白桦和柳树等。

● 印度河

印度河是亚洲南部大河之一。发源于喜马拉雅山西部中国境内的狮泉河，自东南向西北流经克什米尔后，转向西南贯穿巴基斯坦全境，在卡拉奇附近注入阿拉伯海。全长 2900 千米，流域面积约 117 万平方千米。印度河流经次大陆干旱地带，降水稀少，蒸发强烈，其干支流河水是灌溉水源，对农业十分重要。印度河是巴基斯坦主要河流，也是巴基斯坦重要的农业灌溉水源。

● 湄公河

湄公河是中南半岛最大的河流，发源于中国青藏高原的澜沧江，流出中国国境后称湄公河。湄公河长 2668 米，流域面积约 63 万平方千米。湄公河是缅甸与老挝之间，以及老挝与泰国之间的部分国际边界，还流经柬埔寨、越南，在胡志明市南面注入南海。主要支流有南塔河、南乌江、南康河、南俄河、南屯河、邦非河、色邦亨河、蒙河、桑河、洞里萨河等，其中蒙河为最大支流。

● 运　河

运河是用以沟通地区或水域间水运的人工水道。用以通航、灌溉、供水或导流，通常与自然水道或其他运河相连。除航运外，运河还可用于灌溉、分洪、排涝、给水等。运河可分为海运河、内陆运河、跨岭运河、旁支运河。

● 京杭大运河

京杭大运河是世界上最长的运河，也是中国古代伟大的水利工程。京杭大运河北起北京，南达杭州，流经北京、天津、河北、山东、江苏、浙江 6 省市，沟通了海河、黄河、淮河、长江和钱塘江五大水系，全长 1782 千米，是世界上最长的人工河流，也是最古老的运河之一。大运河自开凿至今，经历了 2400 余年的历史。它和万里长城并称为中国古代的两项伟大工程，闻名于全世界。运河路线随着历代京都的改变和黄河的改道，曾几经变迁。隋朝以后，大运河是中国东部沟通内河、联系海港的南北水运交通干线，而且还兼有灌溉、防洪、排涝之利，对历代的政治、经济、军事和文化发展曾起了重要作用。

● 巴拿马运河

巴拿马运河是沟通太平洋和大西洋的重要航运要道，被誉为世界七大工程奇迹之一。位于美洲巴拿马共和国的中部，横穿巴拿马地峡。巴拿马运河全长81.8千米，河宽150至304米。整个运河的水位高出两大洋26米，设有6座船闸，船舶通过运河一般需要9个小时。运河的水闸靠加通湖、阿拉胡埃拉湖和米拉弗洛雷斯湖等各湖的重力水流运作，这些湖的湖水是由查格雷斯河及其他几条河流入的。各水闸的长度、宽度和深度均一致。每组水闸都是成对的，船只可以双向同时通过。

● 苏伊士运河

苏伊士运河是著名的国际通航运河，也是亚洲与非洲的交界线。位于埃及东北部，纵穿狭窄的苏伊士地峡，南北连通地中海与红海，全长约173千米。是大西洋与印度洋间的最短航线，世界海上航道最重要的"十字路口"之一，具有极重要的经济、政治、军事战略价值。这条运河连结了欧洲与亚洲之间的南北双向水运，而不必绕过非洲南端的好望角，大大节省了航程。从英国的伦敦港或法国的马赛港到印度的孟买港作一次航行，经苏伊士运河比绕好望角可分别缩短全航程的43%和56%。苏伊士运河在埃及本国经济发展上也具有极大的价值。

● 基尔运河

基尔运河位于德国北部，全长约98.7千米，西南起于易北河口的布伦斯比特尔科克港，东北至基尔湾的霍尔特瑙港，横贯日德兰半岛，是连接北海和波罗的海的重要航道，因此也叫"北海—波罗的海运河"。基尔运河的开通极大地缩短了北海与波罗的海之间的航程，具有重大的军事和经济意义，使波罗的海沿岸至北海和大西洋沿岸港口的航程比绕过该半岛最长缩短了756千米。

● 卡拉库姆运河

卡拉库姆运河是世界最大的灌溉及通航运河之一，总长1400千米。

位于土库曼斯坦南部，起自阿姆河中游左岸博萨加镇，向西经穆尔加布和捷詹绿洲，沿科佩特山脉北麓平原经格奥克捷佩抵卡赞吉克。两岸为土库曼斯坦的主要产棉区。土库曼斯坦东西之间有了航道快捷方式，里海和咸海之间可通过此运河相连。

● 伊利运河

伊利运河位于美国纽约州，连接哈得孙河与伊利湖，将五大湖与大西洋水域连接起来，现在属于纽约州运河系统。伊利运河的全长为584千米，运河宽12米、深1.2米。整条运河总共有83个水闸，最高可以行驶排水量68公吨的平底驳船。伊利运河是第一条提供美国东海岸与西部内陆的快速运输工具，运河不只加快运输的速度，也将沿岸地区与内陆地区的运输成本减少了95%。快捷的运河交通使得纽约州西部更便于到达，因此也造成中西部的人口快速成长。

● 阿尔贝特运河

阿尔贝特运河位于比利时东北部。东起马斯河上的列日，西抵斯海尔德河上的安特卫普，长约130千米，最狭24米，水最浅5米。1930年始建，1939年完成。可通航2000吨级船只。借此连接安特卫普和列日两个重要工业区，也是连接比利时安特卫普和列日的水道。

● 莫斯科运河

莫斯科运河连接莫斯科与窝瓦河上的伊万诺沃的水道。建于1932至1937年，作为莫斯科的主要水路，用来代替只能通航小船的由莫斯科河改建的运河。运河长128千米，沿河有11道船闸，河深最浅处为5.5米。莫斯科运河的开凿，将莫斯科河与伏尔加河沟通，使其起自伏尔加河右岸的杜勃纳，抵莫斯科西北莫斯科河左岸，水上交通还可达海上。这是一个巨大而复杂的水利枢纽工程，在这个运河河段修建了8座船闸和8座水电站，各种拦水大坝、水泵站、闸门、河下隧道、倒虹管、铁路桥等人工建筑设施达200多个。莫斯科运河的建立，使莫斯科同下诺夫哥罗德、莫斯科同圣彼得堡间航程分别缩短110千米和1100千米。

● 约塔运河

约塔运河是横贯瑞典南部连接维纳恩湖和波罗的海的人工水道。利用许多湖泊、河道，并加上人工开凿的河道相连而成。全长约580千米，其中人工开凿部分为87千米，宽15米，深3米。运河穿越众多湖泊，于1810年开凿，1832年完工。由哥德堡自西而东，经约塔河、维纳恩湖、韦特恩湖、博尔湖和洛克斯湖等，最后注入波罗的海。约塔运河是连接斯德哥尔摩和哥德堡之间的水路纽带，由于两地水平面高度不同，全运河共设船闸58个，一级一级地改变水位。运河流经众多工业城镇，促进了经济发展，东西航运距离缩短370千米。

● 曼彻斯特运河

曼彻斯特运河位于英国英格兰西北部，东起伊斯特本，西至曼彻斯特船坞，长58千米，宽14至24米，深约9米，有5个船闸，可通海轮。1887年开始修凿，1894年通航。由默西河和伊尔韦尔河供水。此运河使大型远洋轮可以进入曼彻斯特。

● 列宁运河

列宁运河全称伏尔加河—顿河列宁运河。俄罗斯内河深水航道网的重要组成部分。位于俄罗斯欧洲部分东南部，是沟通伏尔加河与顿河间的人工水道。长101千米，其中45千米是自然河道和水库。初凿于1941年，因战争停顿，后建于1952年。东起伏尔加河畔的红军城附近，沿山麓，穿过分水岭，进入河谷，再经水库，西止顿河畔的卡拉奇南侧，设有船闸13座。运河河水靠顿河补给。除少量河水供给农田灌溉外，运河主要用于客、货运输。运河可通达亚速海、黑海、里海、波罗的海和白海等，组成5海通航。可通行5000吨级以下的轮船。

● 灵 渠

灵渠又称湘桂运河，也称兴安运河。位于中国广西壮族自治区兴安县境内，是世界上最古老的运河之一，有着"世界古代水利建筑明珠"的美誉。灵渠工程主体包括铧堤、南北渠、秦堤、陡门等，完整精巧，设计巧妙，通三江、贯五岭，沟通南北水路运输，与长城南北呼应，同为世界奇观。南渠、北渠是灵渠主体工程，总长34千米。陡门为提高水位、束水通舟的设施，船闸，主要建于河道较浅水流较急的地方。明、清两代仍有陡门30多处。秦堤由小天平石堤终点至兴安县城上水门东岸，长2千米。灵渠的修建，联结了长江和珠江两大水系，对岭南的经济和文化发展有过很大促进作用。湘、桂间铁路和公路建成后，灵渠已被改造为以灌溉为主的渠道。

● 米迪运河

米迪运河是法国南部一条连接加龙河与地中海的水道，是沟通地中海和大西洋比斯开湾间内陆水路系统的主要连接线。运河东起地中海港口城市，埃罗省的赛特港，西至上加龙省首府图卢兹附近与加龙河相接。米迪运河蜿蜒流淌360千米，各类船只通过运河在地中海和大西洋间穿梭往来，整个航运水系涵盖了船闸、沟渠、桥梁、隧道等328个大小不等的人工建筑。运河建于1667至1694年之间，是17世纪法国的重要工程。1996年米迪运河被列入《世界遗产名录》。

● 里多运河

里多运河位于加拿大安大略省东南部，全长202千米，建成于1832年，连接渥太华河与安大略湖，东达大西洋，西面则通往北美五大湖区，里多运河包括47个石建水闸和53个水坝，是19世纪工程技术的奇迹之一。在当时来说，里多运河起重要的运输作用。现今，运河已不能容纳大型船只通过，它贯穿整个市区，运河上有十座大桥横跨东西两岸。当年河上的水闸、水坝等石砌工程，现在成为历史性文物。

湖泊沙漠篇

　　湖泊是在地质、地貌、气候、流水等因素的综合作用下形成的。在地壳构造运动、冰川作用、河流冲淤等地质作用下，地表形成许多凹地，积水成湖。沙漠里偶尔也会下雨，下起来常常是暴风雨。虽然沙漠内部少下雨，沙漠常从附近高山流出的河流进水。如果水足够，沙漠里会形成季节湖，一般较浅较咸。湖干了之后会留下一个盐滩。

● 湖　泊

　　湖泊是陆地上洼地积水形成的、水域比较宽广、换流缓慢的水体。湖泊因其换流异常缓慢而不同于河流，又因与大洋不发生直接联系而不同于海。在流域自然地理条件影响下，湖泊的湖盆、湖水和水中物质相互作用，相互制约，使湖泊不断演变。湖泊支持着非常重要的生态系统，湖水的平均深度一般在 2 米到 100 米，这是阳光能够穿透的深度，因此，湖水从上到下都能给生物足够的能量，维持丰富的生物。按成因可分为构造湖、火山湖、冰川湖、堰塞湖、湖、人工湖等。按湖水盐度高低可分为咸水湖和淡水湖。

● 里　海

　　里海位于亚洲与欧洲交界，海的东北为哈萨克斯坦，东南为土库曼斯坦，西南为阿塞拜疆，西北为俄罗斯，南岸在伊朗境内，海域狭长，南北长有 1200 千米，东西平均宽度 320 千米，湖岸线长 7000 千米，面积约 36.8 万平方千米，是世界上最大的湖泊，也是世界上最大的咸水湖，整个海区可分为北、中、南三部分，海区纵跨几个不同的气候区。北里海虽属大陆性气候，但变化不剧烈；中里海西部气候温和，而东部则为干燥的沙漠气候；南里海属夏季干燥的亚热带气候。里海地区石油资源丰富，巴库两岸和东岸的曼格什拉克半岛地区，以及里海的湖底，是重要的石油产区。湖底的石油生产，已扩展到离岸数十千米的水域。里海含盐量高，也盛产食盐和芒硝。

● 苏必利尔湖

苏必利尔湖为美国和加拿大共有，被加拿大的安大略省与美国的明尼苏达州、威斯康星州和密歇根州所环绕。是世界最大的淡水湖，也是世界仅次于咸水湖里海的第二大湖。湖面东西长616千米，南北最宽处257千米，湖面平均海拔180米，水面积约8.2平方千米，最大深度405米。有近200条河流注入湖中，以尼皮贡河和圣刘易斯河为最大。湖中主要岛屿有美国国家公园罗亚尔岛、阿波斯特尔群岛、米奇皮科滕岛和圣伊尼亚斯岛。苏必利尔湖水质清澈，沿岸森林密布，北岸曲折多湖湾，风景秀丽，人口稀少。湖区蕴藏有多种矿物，铁、银、镍、铜等矿产资源丰富。有很多天然港湾和人工港口。主要港口有德卢斯、苏圣玛丽、桑德贝等。

● 维多利亚湖

维多利亚湖是非洲最大的淡水湖，世界第二大淡水湖，也是尼罗河主要水库。位于东非高原上，该湖大部分在坦桑尼亚和乌干达境内，是乌干达、坦桑尼亚与肯尼亚三国的界湖。赤道横贯北部，由凹陷盆地形成。面积约7万平方千米，湖域呈不规则四边形，南北最长337千米，东西最宽240千米，湖岸线长约3220千米，平均水深40米。该湖位于东、西裂谷间的大台地中央的一个浅洼地，海拔1134米，已知最大深度82米。湖中多岛群和暗礁，暗礁通常就在清澈的水面下。维多利亚湖有200多种鱼类，盛产鲈鱼和罗非鱼。湖区是非洲人口最稠密的地区之一，湖上有当地的汽船来往通航。

● 休伦湖

休伦湖位于美国密歇根州和加拿大安大略省之间，美国和加拿大共有。它由西北向东南延伸，长330千米，最宽295千米。面积5.96万平方千米，在五大湖中居第二位。湖面海拔177米，平均水深

60米，最大深度229米。湖岸线长2700千米，较曲折，东北部有佐治亚湾。湖岸多为沙滩、砾石滩和悬崖绝壁。湖水水质良好，冬季沿岸封冰。经圣玛丽斯河接纳苏必利尔湖水，经麦基诺水道接纳密歇根湖水，南经圣克莱尔河、圣克莱尔湖、底特律河入伊利湖。多岛屿，主要分布在佐治亚湾，其中马尼图林岛面积2766平方千米，为世界最大湖岛。湖区铀、金、银、铜、石灰石和盐等矿产资源丰富，为重要工业区。重要港口有麦基诺城、阿尔皮纳、萨尼亚、罗克波特、罗杰斯城等。

● 密歇根湖

密歇根湖是北美五大湖之一，是五大湖中唯一完全位于美国境内的湖泊。湖面海拔约177米，南北延伸长达517千米，东西最宽约190千米，面积5.8万平方千米，是美国最大的淡水湖泊。水流缓慢，呈逆时针向流动。南岸平直，沙丘广布，建有人工港；北岸曲折，多湖港和天然良港，主要湖湾是格林湾。有比弗岛及福克斯、马尼图等岛群。接纳福克斯等小河注入，经东北端的麦基诺水道与休伦湖相连。湖泊对气候具有明显的调节作用，西风盛行使东岸冬暖夏凉，早秋晚春不冰冻。盛产苹果、桃、李等，为美国主要水果带之一。格林湾东岸的半岛，是全国闻名的红酸樱桃产地。南岸人口较为稠密，是美国重要工业基地。

● 贝加尔湖

贝加尔湖位于俄罗斯西伯利亚的南部伊尔库茨克州及布里亚特共和国境内，湖型狭长弯曲，宛如一弯新月，所以又有"月亮湖"之称。湖长636千米，平均宽48千米，面积约3.15万平方千米，最深点1680米，是亚洲第一大淡水湖，世界上最深的湖泊，也是世界最古老的湖泊。据研究，它已经在地球上存在超过2500万年。贝加尔湖沿岸生长着松、云杉、白桦和白杨等组成的密林，地下埋藏着丰富的煤、铁、云母等矿产资源，湖中盛产多种鱼类，是俄罗斯重要渔场之一。贝加尔湖中的贝加尔海豹与贝加尔鲟为世界上唯一的淡水海豹和鲟。

● 大熊湖

大熊湖位于加拿大西北部，北极圈经其北部。是加拿大第一大湖，北美洲第四大湖。因湖区多北极熊得名。湖形不规则，长约322千米，宽40至177千米。面积约3.1万平方千米。湖面海拔156米，平均水深137米，最大深度413米。湖区气候严寒，结冰期长。湖水清澈，湖岸陡立，沿岸地区人口稀疏。产白鱼和湖鳟等。东岸的采矿中心镭港和西岸的商业点富兰克林堡是湖区主要居民点。

● 马拉维湖

马拉维湖位于非洲东南部，马拉维、坦桑尼亚、莫桑比克交界处，非洲大裂谷带东支。由断层陷落而成。南北长560千米，东西宽32至80千米，湖面积3.08万平方千米。湖面海拔472米，平均水深273米，北端最深达706米，低于海平面234米，为非洲第二深湖。湖岸多为高峻崖壁，东为利文斯通山，西为尼卡高原和维尼亚山地。湖水由四周14条常年有水的河流注入，其中以鲁胡胡河水量最大，然后，向南流经希雷河同赞比西河相连。湖区大部分水域位于马拉维共和国境内，北部一小部分属于坦桑尼亚和莫桑比克。沿湖有卡龙加、恩卡塔贝、恩科塔科塔、奇波卡等湖港。

● 大奴湖

大奴湖位于加拿大西北部，近艾伯塔省北界。呈东北西南向，长480千米，宽48至225千米，面积2.86万平方千米。湖面海拔156米，湖水深而清澈，最大深度614米。湖形不规则，岸线曲折，多湖湾。湖区气候严寒，湖面结冰期长。湖中多岛屿。有数条河流注入，上承奴河，下注马更些河，湖水经马更些河导出注入北冰洋。渔业发达，产白鱼、湖鳟等。湖区有铅、锌、金等矿藏，南岸派恩波因特为铅、锌矿开采中心，东北岸耶洛奈夫为金矿开采中心和加拿大西北地区首府。

● 伊利湖

伊利湖是北美洲五大湖之一，为美国和加拿大共有，东、西、南面为美国，北面为加拿大。东西长388千米，最宽92千米，面积2.57万平方千米，在五大湖中居第四位，仅大于安大略湖。湖面海拔174米，平均水深18米，最大深度64米，在五大湖中最浅。湖岸线总长1200千米，较平直，少湖湾。湖中有岛屿，集中在湖的西端，以加拿大的皮利岛为最大。西北岸有皮利角国家公园。接纳休伦、雷辛、莫米等河流，西经底特律河、圣克莱尔湖、圣克莱尔河接纳苏必利尔湖、密歇根湖、休伦湖的湖水，东经尼亚加拉河注入安大略湖，通过韦兰运河和纽约州巴吉运河分别与安大略湖和哈得孙河相通。主要港口有托利多、布法罗、克利夫兰、底特律等。

● 温尼伯湖

温尼伯湖位于加拿大的缅尼托巴省温尼伯市以北约55千米，是加拿大南部边界最大的湖泊，也是加拿大南部未发展的原始水系一部分。南北长442千米，东西宽32至112千米，面积2.4万平方千米。湖面海拔217米，湖盆较浅，平均水深15米，最大深度28米。温尼伯河、雷德河、萨斯喀彻温河等多条河流，分别从东、南、西三面注入，湖水经纳尔逊河从北部流出。1974年已在该河上筑坝，控制湖泊水位。湖内渔产丰富，并有航运之利。南岸为游览区。温尼伯湖周围平原平坦而且肥沃，气候又比较湿润，因此这里成为很好的农业区，是加拿大主要的春小麦产区。

● 安大略湖

安大略湖位于美国和加拿大之间，北邻加拿大安大略省，南毗尼亚加拉半岛和美国纽约州。安大略湖略呈东西延伸，大致呈椭圆形，海拔高度为75米。湖岸线长1380千米，最深处有244米，最宽处为85千米，最大的流入河流是尼亚加拉河，最大的流出河流是圣劳伦斯河，是北美洲五大湖之一，属于世界最大的淡水湖群，它是五大湖中面积最小的，但是蓄水量超过伊利湖。湖区农业发达，安大略湖北面为农业平原。工业集中于湖港周围。主要港口有加拿大的多伦多、哈密尔顿、金斯顿和美国的罗切斯特等。

● 巴尔喀什湖

巴尔喀什湖位于亚洲中部，哈萨克东部湖泊，是一个内陆冰川堰塞湖，是世界第四长湖。它东西长约605千米，南北宽8至70千米，西部宽74千米，面积约1.83万平方千米。萨雷姆瑟克半岛从南岸伸向北岸，把湖面分为两个水域，西半部广而浅，东半部窄且深。流经中国新疆的伊犁河，接纳了大量的来自天山的冰雪融水注入巴尔喀什湖西部，而湖东部因缺少河流注入，加之湖区气候干旱，远离海洋，湖水大量蒸发而使湖水含盐量增多，因而形成了西淡东咸的一湖两水现象。整个湖区属大陆性气候。湖区地层多碳酸盐沉积。

● 咸　海

咸海是一个位于中亚的内流咸水湖，坐落于哈萨克和乌兹别克卡拉卡尔帕克斯坦自治共和国的交界处，为世界第四大水体。北部和东部湖岸曲折，分布有许多小湖湾和沿岸岛屿，南岸为阿姆河口三角洲，西岸为陡岸。面积5万余平方千米，平均水深13米，最深处水深64米。海拔53米，南北最长435千米，东西290千米。有中亚两大内流河阿姆河和锡尔河注入。湖盆地区属极端大陆性气候。

● 拉多加湖

拉多加湖位于俄罗斯西北部卡累利阿共和国和列宁格勒州之间，是欧洲最大的湖泊。湖面海拔5米，湖长219千米，平均宽83千米，面积1.8万平方千米。湖水南浅北深，平均深51米，北部最深处230米。北岸大多高岩岸，有许多深切的小峡湾，湖岸曲折。南岸低平，多沙嘴和浅滩。有沃尔霍夫、斯维里和武奥克萨等河注入。西南有涅瓦河流出，通波罗的海。湖中风浪大，不利于航运。南岸建有环湖的新拉多加运河，为沟通白海与波罗的海及伏尔加河与波罗的海的重要航道。鱼类丰富，以鲑、鲈、鳊、白鱼、鲟、狗鱼和胡瓜鱼类为主。

● 马拉开波湖

马拉开波湖是南美洲最大的湖泊。位于委内瑞拉西北部沿海马拉开波低地的中心，湖北端经水道与委内瑞拉湾相通。系安第斯山北段一断层陷落的构造湖。口窄内宽，南北长190千米，东西宽115千米，湖岸线长约1000千米，面积约1.34万平方千米。北浅南深，最深达34米。除北部委内瑞拉湾沿岸气候干燥，湖区大部分高温多雨，为南美洲最湿热地区之一。石油资源丰富，有"石油湖"之称。油田集中于东北岸和西北岸。1917年打出第一口生产井，1922年起大规模开采，使委内瑞拉成为世界重要的石油生产国和出口国之一。水道经过疏浚，可通大型海轮和油轮。

● 洞里萨湖

洞里萨湖又名金边湖，位于柬埔寨境内北部，呈长形位于柬埔寨的心脏地带，是东南亚最大的淡水湖泊。干季湖水平均深度为1米，面积为2700平方千米；雨季因湄公河回流，水深可达9米，面积则扩展至1.6万平方千米。它西北到东南，横穿柬埔寨，在金边市与贯穿柬埔寨的湄公河交汇。它像一块巨大碧绿的翡翠，镶嵌在柬埔寨大地之上，为高棉民族的发展与繁荣提供了坚实的资源保障，是柬埔寨人民的"生命之湖"。

● 帕图斯湖

帕图斯湖是巴西最大湖泊，南美洲第二大湖。位于南里奥格兰德州东部，与大西洋隔沙坝。湖长290千米、宽64千米，面积1.01万平方千米。北端有雅库伊河等注入，南端有圣贡萨洛水道与米林湖相连，在里奥格兰德有宽约1.6千米的水道通大西洋。湖水不深，辟有人工航道，7000吨海轮可抵北岸的阿雷格里港。水产丰富。西岸低地已水田化，主产稻。

● 奥涅加湖

奥涅加湖位于俄罗斯西北部，大部分位于卡累利阿共和国境内，南部在列宁格勒州和沃洛格达州境内。属冰川构造湖。湖盆从西北向东南延伸，长250千米。最宽处约92千米，面积9700平方千米。湖面海拔33米。西北和北岸为由花岗岩组成的曲折岩岸，多湖湾；东南和南为平直的沙岸，多湖滩。湖盆南浅北深，平均水深30米。大多数水量来自舒

102

亚、沃德拉等58条河流。通过运河与白海、波罗的海相连，有重要航运价值。湖内盛产多种鱼类。

● 多巴湖

多巴湖位于印度尼西亚苏门答腊北部的马达高原，是印度尼西亚最大的淡水湖，也是驰名世界的高原湖泊。多巴湖由断层形成，湖面呈长菱形，长87千米，最宽处约26千米，湖面海拔906米，面积1300平方千米，湖水最深处可达529米。多巴湖原是古代火山口遗址，因年久积水而成湖，湖边断层崖壁高达600米，崖壁下面是狭窄的平原。湖中央有一个长约7千米，宽约2.5千米的小岛，名叫沙摩西岛，这个小岛约占全湖面积的1/3。有狭长的人工堤连接湖的西岸。岛上山峦起伏，仅四周沿湖处较为平坦。

● 死 海

死海是一个内陆盐湖，位于约旦和以色列交界，西岸为犹太山地，东岸为外约旦高原，水面平均低于海平面约400米，是世界上最低的水域。约旦河是主要注入死海的河流，死海的形成是由于流入死海的河水，水分不断蒸发、矿物质大量下沉的自然条件造成的。死海进水量大致与蒸发量相等，是世界上盐度最高的天然水体之一，也是世界上最深的咸水湖。水中除细菌外，水生植物和鱼类很难生存，沿岸树木也极少，因此被命名为"死海"。

● 的的喀喀湖

的的喀喀湖位于玻利维亚和秘鲁两国之间的玻利维亚高原北部，是南美洲面积最大的淡水湖，也是世界上海拔最高的大船可通航的湖泊，被称为"高原明珠"。的的喀喀湖沿西北至东南方向延伸，长200千米，最宽处66千米，湖水面积大约为8330平方千米，狭窄的蒂基纳水道将湖体分为两个部分。湖水源于安第斯山脉的积雪融水。海拔高而不冻，处于内陆而不咸。湖面海拔812米，平均水深100米，最深处达304米。湖中有日岛、月岛等36个岛屿，大部分有人居住，最大的岛屿的的喀喀岛有印加时代的神庙遗址，在印加时代被视为圣地，至今仍保存有昔日的寺庙、宫殿残迹。

● 日月潭

日月潭位于中国台湾南投县鱼池乡水社村，是台湾唯一的天然湖，由玉山和阿里山之间的断裂盆地积水而成。湖面海拔760米，面积约7.7平方千米，平均水深30米，湖周长约35千米。日月潭以光华岛为界，北半湖形状如圆日，南半湖形状如弯月，日月潭因此而得名。日月潭四周群山环抱，湖面辽阔，风景优美。

● 鄱阳湖

鄱阳湖是中国最大的淡水湖，位于中国江西省北部，距南昌市东北部50千米。汇集赣江、修水、鄱江、信江、抚江等水经湖口注入长江。湖盆由地壳陷落、不断淤积而成。形似葫芦，湖面海拔21米，南北长170千米，东西宽18.8千米，面积3283平方千米。鄱阳湖以都昌和吴城之间的松门山为界，分为南北两湖。湖内岛屿错列，有岛屿25处。

● 洞庭湖

洞庭湖位于中国湖南省北部，长江荆江河段以南，是中国第三大湖，仅次于青海湖、鄱阳湖，也是中国第二大淡水湖，平水期湖泊面积2820平方千米。洞庭湖南和西面有湘江、资水、沅江、澧水注入，北与长江相连，通过松滋、太平、藕池，吞纳长江洪水，湖水由东面的城陵矶附近注入长江，为长江最重要的调蓄湖泊，由于泥沙淤塞、围垦造田，洞庭湖现已分割为东洞庭湖、南洞庭湖、目平湖和七里湖等几部分。洞庭湖是著名的鱼米之乡，物产极为丰富。

● 博斯腾湖

博斯腾湖是中国最大的内陆淡水吞吐湖泊，位于新疆焉耆盆地东南面，湖面海拔1048米，东西长55千米，南北宽25千米，略呈三角形，面积约988平方千米。入湖泊的河流主要来自西北的开都河、马拉斯台河等，经西南部的孔雀河排出，穿铁门关峡谷，进入库尔勒地区，最后汇入罗布泊。在铁门关建有新疆最大的水电站。

● 青海湖

青海湖是中国最大的内陆咸水湖。位于青海省东北部，祁连山脚下，系断陷而成的构造湖。湖呈菱形，长106千米，最宽63千米，面积4653平方千米，海拔3196米。湖水冰冷且盐分很高。青海湖是重要国际湿地，更是维系青藏高原生态安全的重要水体和阻挡西部荒漠化"东进"的天然屏障。青海湖以盛产湟鱼而闻名，鱼类资源十分丰富。青海湖岸边有辽阔的天然牧场，有肥沃的大片良田，矿产资源丰富。

● 沙　漠

沙漠是指沙质荒漠，即地表为流沙覆盖，沙丘广泛分布的地区。在世界范围内沙漠占陆地总面积的1/10，世界上2/3以上的沙漠分布在亚欧大陆和非洲大陆上。沙漠地域大多是沙滩或沙丘，沙下岩石也经常出现。泥土很稀薄，植物也很少。有些沙漠是盐滩，完全没有草木。沙漠一般是风成地貌。沙漠里有时会有宝贵的矿床，近代也发现了很多石油储藏。沙漠少有居民，资源开发也比较容易。沙漠气候干燥，它也是考古学家的乐居，可以找到很多人类的文物和更早的化石。

● 撒哈拉沙漠

撒哈拉沙漠是世界最大的沙漠，总面积约960万平方千米，几乎包括整个北非，西临大西洋，北接阿特拉斯山脉和地中海，东濒红海，南连萨赫勒。西撒哈拉、摩洛哥、阿尔及利亚、突尼斯、利比亚、埃及、毛里塔尼亚、马里、尼日尔、乍得和苏丹等11个国家分布在这一地区。撒哈拉沙漠地貌类型多种多样：季节性泛滥的浅盆地和大片绿洲低地；广阔的多石平原；布满岩石的高原；陡峭的山脉；沙滩、沙丘和沙海。撒哈拉沙漠气候由信风带的南北转换所控制，常出现许多极端天气。气温在海拔高的地方可达到霜冻和冰冻地步，而在海拔低处有世界上最热的天气。气候条件极其恶劣，土壤一般有机物质含量少，洼地的土质含盐，是地球上最不适合生物生长的地方之一。撒哈拉沙漠是世界上阳光最多的地方，也是世界上最大和自然条件最为严酷的沙漠。

● 阿拉伯沙漠

阿拉伯沙漠，即北非撒哈拉沙漠的东缘部分。位于埃及东部，尼罗河谷地、苏伊士运河、红海之间，又称东部沙漠。面积约233万平方千米。中部有马阿扎高原，东侧有沙伊卜巴纳特山、锡巴伊山、乌姆纳卡特山等孤山，南部与苏丹的努比亚沙漠相连。大部分为海拔300至1000米的砾漠以及裸露的岩丘。受东西走向的间歇河流塔尔法河、胡代因河及支流和南北走向的季节河基纳河切割。沙漠中有石油、铁、磷灰石等矿产资源。

● 利比亚沙漠

利比亚沙漠位于撒哈拉沙漠的东北部，包括埃及中、西部和利比亚东部。面积约169万平方千米，为自南向北倾斜的高原，南部海拔350至500米，中、北部海拔100至250米，西南部地势最高，海拔达1800米。主要由结晶岩组成，局部地区有第三纪岩层。大部分被沙砾覆盖，西部以石漠为主，东部以流沙为主。由于风力作用，流沙每年平均向西南移动15米。气候干燥，夏季气温可高达50℃以上；降水量稀少，地表水贫乏。地下水分布广，埋藏深，出露处形成许多绿洲，有名的有贾卢绿洲、达赫莱绿洲、费拉菲拉绿洲、锡瓦绿洲、库夫拉绿洲等。

● 澳大利亚沙漠

澳大利亚沙漠位于澳大利亚西南部，面积约155万平方千米。这里雨水稀少，干旱异常。因为没有高大树木的阻挡，狂风终日从这片沙漠上空咆哮而过。沙漠中有大约3600多种植物繁荣共生。按单位面积计算，物种多样性要远远超过南美洲的热带雨林。因此有"沙漠花园"之称。生长在这里的植物对水和养料的需求少得可怜，几乎是别处植物的1/10。同时，这里所有植物的叶子都不是绿色的，而是带着各种鲜艳的颜色。更奇特的是，这些花朵都能分泌超乎想象的大量花蜜。

● 巴塔哥尼亚沙漠

巴塔哥尼亚沙漠位于南美洲南部的阿根廷，在安第斯山脉的东侧，面积约67万平方千米。巴塔哥尼亚一般是指南美洲安第斯山以东，科罗拉多河以南的地区，主要位于阿根廷境内，小部分则属于智利。该地区的地形主要是高原以及窄小的海岸平原，各河流发源于安第斯山，向东流入大西洋，切割成河谷，但因当地雨量不多，河流大多属于间歇河，南部有许多冰河地形如峡湾等。巴塔哥尼亚受福克兰寒流的影响，气候寒冷干燥，往南部更寒冷且雨量愈少，大多地区形成荒漠，被称作巴塔哥尼亚沙漠。该地区农业不发达，南部植物稀少。北部有河水灌溉处可生产水果、苜蓿、橄榄等。西北部高原有石油、铁、锰等矿产。

● 鲁卜哈利沙漠

鲁卜哈利沙漠位于阿拉伯半岛南部，大部分在沙特阿拉伯境内。沙漠大致呈东北至西南走向，长1200千米，宽约640千米，面积约65万平方千米，约占整个半岛面积的1/4。因富含氧化铁而多呈红色。从形态上大体可分为东西两大沙漠。其中东部沙漠多为平行排列的大沙丘，有些沙丘近乎一座沙山。在地下水位较高处，有局部绿洲，形成良好的牧场。西部沙漠多为砾漠，沙丘间沼泽、盐湖广布。整个沙漠均属典型的热带沙漠气候。

● 卡拉哈迪沙漠

卡拉哈迪沙漠也称卡拉哈里盆地，位于非洲南部内陆干燥区，主要在博茨瓦纳和纳米比亚境内，面积约63万平方千米。盆地内地势起伏不大，中部有一条东西向的低矮分水岭，分盆地为南、北两部分。南部以荒漠、半荒漠为主，散布有沙丘和盐沼；北部多沼泽、湖泊和洼地。属热带干旱与半干旱气候，夏季最高气温可达47℃。地面多古河床和干沟。土壤一般为红色软沙土。古河床上有许多冲积层。西部和北部有浓密的灌木和草本植物，多羚羊和其他热带动物。金刚石、铜、铅、锌、钒等矿藏丰富。

● 纳米布沙漠

纳米布沙漠位于非洲西南部边缘，大西洋沿岸，是世界上最古老、最干燥的沙漠之一。位于纳米比亚和安哥拉境内。起于安哥拉和纳米比亚的边界，止于奥兰治河，沿非洲西南大西洋海岸延伸2100千米，该沙漠最宽处达160千米，而最狭处只有10千米。为一狭长带状沿海平原沙漠，海拔不超过500米，面积约20万平方千米。地势由内陆向沿海呈阶梯状降低。北部经河流切割为峡谷；南部多为流沙。南部有些流动沙丘被河流阻挡，使河流另一侧呈沙原状，从而使河流两侧具有截然不同的风沙地貌。沿海分布一系列沙嘴和沙滩。沙漠中常有蚀余高地和尖顶山。气候干旱，有时全年无雨。但受本格拉寒流的影响，湿度较大，多雾。几乎无植被，仅在较大河流沿岸有金合欢等树木，沿海地带有成片的低矮肉质灌木，固定沙地有灌木和草类。南部拥有世界上最大的金刚石矿床。

● 阿塔卡马沙漠

阿塔卡马沙漠位于南美洲智利的北部。面积约16万平方千米，南北长约1100千米。阿塔卡马沙漠从智利与秘鲁交界处向南延伸约960千米，地势一般比海平面要高得多，它由一连串盐碱盆地组成，几乎没有植物。在沙漠中心，有一个被气候学家们称为"绝对沙漠"的地方，这就是地球上最为干旱的地方，地球旱极。在这里，你看不到任何生命的迹象。本地区气候极端干旱，少雨多雾，有些地方多年不雨。铜和硝石藏量丰富，南回归线北侧的楚基卡马塔有世界著名的露天大铜矿，北部沙漠区有闻名世界的天然硝石矿。

● 塔尔沙漠

塔尔沙漠是南亚西北部沙漠，亦称为大印度沙漠，位于印度西北部和巴基斯坦东南部，西以印度河、萨特卢杰河为界，东以印度马尔瓦高原东侧为缘。海拔100至200米，面积近30万平方千米。主要为沙质荒漠，东南部多砾漠，沙丘一般高达30至90米，沙垄、盐滩地、龟裂地广布。沙漠中有季节性盐湖及干河道，地下水位埋藏较深。大部分地区无植物生长，少数耐干、热的植物可以生存。在能利用地下水的地区，产有小麦和棉花。属亚热带荒漠气候。受周围高原山地，特别是西侧伊朗高原的影响，很少降雨。

● 卡拉库姆沙漠

卡拉库姆沙漠是中亚地区的大沙漠，位于里海东岸的土库曼斯坦境内，阿姆河以西。面积35万平方千米。有新月形沙丘、龟裂地和盐沼地等。属温带大陆性干旱气候。河流、湖泊稀少。沿阿姆河、捷詹河、穆尔加布河等有绿洲。大部地区可供放牧。有硫黄、石油、天然气等矿藏。南部建有卡拉库姆运河。

● 莫哈维沙漠

莫哈维沙漠位于美国西南部，地跨加利福尼亚州东南、亚利桑那州西北、犹他州和内华达州南部。面积约6.5万平方千米，由内华达山脉延伸至科罗拉多高原，北接大盆地沙漠，南与东南接索诺兰沙漠，西南毗邻圣加布里埃尔圣贝纳迪诺山脉，是美国最大的沙漠。典型的沙漠气候，昼夜温差极大，冬季严寒。靠近大盆地、莫哈维两沙漠未定界处的死谷是北美洲最低点。具典型山地和盆地地形，植物稀少，有石炭酸灌木、约书亚树仙人掌。沙砾盆地的水流向中部盐滩。

● 索诺兰沙漠

索诺兰沙漠位于美国和墨西哥交界处，包括美国亚利桑那州西南部、加利福尼亚州东南部、几乎整个下加利福尼亚半岛和墨西哥索诺拉州西部。面积约31万平方千米，境内有许多印第安人保护区，是美洲四大沙漠之一，虽然在索诺兰沙漠也有一些黄沙漫漫的不毛之地，但由于接近加利福尼亚海湾和太平洋，拥有冬季雨季来自太平洋的暴风雨和夏季雨季孕育充分的夏季季风带来的降水，索诺兰沙漠成为世界上生物品种最多的沙漠，这里有2500多种植物，同时也是响尾蛇、索诺兰叉角羚羊、蝎子等动物的栖息地，是世界上最完整、最大的旱地生态系统之一。

● 奇瓦瓦沙漠

奇瓦瓦沙漠是墨西哥面积最大的一个沙漠，东北部与美国接壤，面积约25万平方千米，占墨西哥总体面积的12.6%。奇瓦瓦沙漠相当干燥，绝大部分在墨西哥境内，位于其东、西两侧的马德雷山脉，阻隔了来自墨西哥湾和太平洋的潮湿气流，这也是其主要成因之一。只有在夏季，一部分潮湿气流能闯过巨大的山脉，为奇瓦瓦带来充沛的季风雨。

● 塔克拉玛干沙漠

塔克拉玛干沙漠位于中国最大的内陆盆地塔里木盆地中部，盆地四周被天山、昆仑山等高大山脉和帕米尔高原所围绕，沙漠的海拔同外围山脉相差几千米。由于深处内陆腹地，降雨量极少，蒸发量大，因此气候特别干燥。整个沙漠东西长约1000余千米，南北宽约400多千米，总面积33.7万平方千米，是中国境内最大的沙漠，也是全世界最大的流动沙漠，流沙面积世界第一。

● 克孜勒库姆沙漠

克孜勒库姆沙漠在中亚锡尔河与阿姆河之间，乌兹别克斯坦、哈萨克斯坦和土库曼斯坦境内。面积约30万平方千米。由东南向西北倾斜。沙垄广布，一般高度3至30米，最高可达75米。境内还有一系列封闭盆地和孤山，海拔高达922米。有新月形沙丘，西北部多龟裂地。大陆性气候，夏季炎热。多小绿洲，为畜牧业的中心，耕地很少。东南部的加兹利有天然气田，中部的穆伦陶有金矿。

● 腾格里沙漠

腾格里沙漠位于中国内蒙古自治区阿拉善地区的东南部和甘肃省中部边境。南越长城，东抵贺兰山，西至雅布赖山。面积约3万平方千米，海拔1200至1400米左右。沙漠内部，沙丘、湖盆、盐沼、草滩、山地及平原交错分布。其中沙丘占71%，其中7%属于固定、半固定沙丘。沙漠西南部大部有植被覆盖，主要为麻黄和油蒿；中部、南部和北部洼地里，植物生长较好，主要为蒿属。流动沙丘以格状沙丘和格状沙丘链为主，一般高10至20米，也有复合型沙丘链高10至100米，常向东南移动。

● 古尔班通古特沙漠

古尔班通古特沙漠位于中国新疆，在天山以北准噶尔盆地的中部，是中国的第二大沙漠，面积约4.9万平方千米。实际上是由4片沙漠组成：西部为索布古尔布格莱沙漠，东部为霍景涅里辛沙漠，中部为德佐索腾艾里松沙漠，其北为阔布北阿克库姆沙漠。和塔克拉玛干沙漠不同，它不是寸草不生的流动沙山，而是固定和半固定的沙丘，沙丘上生长着梭梭、红柳和胡杨，沙漠下蕴涵着丰富的石油资源。冬季有积雪，沙漠内部植物生长较好。植被覆盖度在固定沙丘上可达45%左右，半固定沙丘上也达20%左右，是良好的冬季牧场。

海湾海峡篇

　　海湾是指海洋伸进陆地的那部分水域，其深度和宽度由海洋向陆地逐渐减小，水色也因靠近陆地而变得浑浊，海湾往往有较宽阔的湾口与海洋畅顺连通，一般以湾口两边向海洋突出的海角之间的连线或海口处的等深线作为海湾与海洋的分界线。海峡是指连接两个海或洋的较狭窄的水道，往往表现为大陆与大陆、大陆与岛屿、岛屿与岛屿之间的狭窄水道。

● 海　湾

　　海湾是海或洋伸进陆地的部分，三面靠陆，一面朝海，深度和宽度逐渐减小的海区。有 U 形及圆弧形等，通常以湾口附近两个对应海角的连线作为海湾最外部的分界线。与海湾相对的是三面环海的海岬。海湾所占的面积一般比峡湾为大。海湾形成的原因包括：1.由于伸向海洋的海岸带岩性软硬程度不同，软弱岩层不断遭受侵蚀而向陆地凹进，逐渐形成了海湾；坚硬部分向海突出形成岬角。2.当沿岸泥沙纵向运动的沉积物形成沙嘴时，使海岸带一侧被遮挡而呈凹形海域。3.当海面上升时，海水进入陆地，岸线变曲折，凹进的部分即成海湾。海湾由于两侧岸线的遮挡，在湾内形成波影区，使波浪、潮汐的能量降低。沉积物在湾顶沉积形成海滩。当运移沉积物的能量不足时，可在湾口、湾中形成拦湾坝，分别称为湾口坝、湾中坝。

● 孟加拉湾

　　孟加拉湾位于印度洋北部，西临印度半岛，东临中南半岛，北临缅甸和孟加拉国，南在斯里兰卡至苏门答腊岛一线与印度洋本体相交，经马六甲海峡与暹罗湾和南中国海相连，是太平洋与印度洋之间的重要通道。面积约217万平方千米，平均水深约2590米，南半部较深。沿岸国家包括印度、孟加拉国、缅甸、泰国、斯里兰卡、马来西亚和印度尼西亚，印度和缅甸的一些主要河流均流入孟加拉湾。孟加拉湾中著名的岛屿包括斯里兰卡岛、安达曼群岛、尼科巴群岛、普吉岛等。孟加拉湾沿岸贸易发达，主要港口有：印度的加尔各答、金奈、本地治里、孟加拉国的吉大港、缅甸的仰光、毛淡棉、泰国的普吉、马来西亚的槟榔屿、印度尼西亚的班达亚齐、斯里兰卡的贾夫纳等等。

● 渤海湾

渤海湾位于中国渤海西部，北起河北省乐亭县大清河口，南到山东省黄河口。有蓟运河、海河等河流注入。海底地形大致自南向北，自岸向海倾斜，沉积物主要为细颗粒的粉砂与淤泥。在蓟运河河口，由于河口输沙量少和受潮流的冲刷，形成一条从西北伸向东南的水下河谷，至渤海中央盆地消失。渤海湾有丰富的油气资源，由于渤海湾为陆上黄骅含油凹陷的自然延伸地带，生油凹陷面积大，第三系沉积厚，含油前景很大，为中国油气资源较丰富的海域之一。

● 北部湾

北部湾位于中国南海的西北部，是一个半封闭的大海湾。东临中国雷州半岛和海南岛，北临中国广西自治区，西临越南，南与南海相连。北部湾三面为陆地环抱，海底比较单纯，从湾顶向湾口逐渐下降，海底较平坦，从陆地带来的泥沙沉积在上面。属于新生代的大型沉积盆地，沉积层厚达数千米，蕴藏丰富的石油和天然气资源。北部湾的资源丰富，因饵料丰富，盛产鲷鱼、沙丁鱼、竹英鱼、蓝圆鲹、金枪鱼、比目鱼、鲳鱼、鲭鱼等50余种有经济价值的鱼类，以及虾、蟹、贝类等。

● 泰国湾

泰国湾又名暹罗湾，位于南海西南部，中南半岛和马来半岛之间，东南部通南中国海，泰国、柬埔寨、越南濒临其北部和东部，泰国、马来西亚在其西部。水域面积约32万平方千米，平均水深仅45米。海湾区因第三纪地壳运动中断裂陷落而成，断陷海盆底部沉积着第三纪以来厚达7500米的沉积层。海湾沿岸大部分是陡峭岩岸，湾顶曼谷湾和湾口有连片沙岸。泰国湾大部分属热带季风气候，分干季和雨季。海湾内营养盐类丰富，利于海洋浮游生物繁殖，产羽鳃鲐、小公鱼、小沙丁鱼、对虾等。海湾内散布着珊瑚礁和红树林。注入湾中的主要河流有湄南、夜功、邦巴功等河。

● 波斯湾

波斯湾是印度洋西北部边缘海，通称海湾。位于阿拉伯半岛和伊朗高原之间，通过霍尔木兹海峡与印度洋相连。海湾东北与伊朗相邻，西北为伊拉克和科威特，西南为沙特阿拉伯、巴林、卡塔尔、阿拉伯联合酋长国、阿曼。波斯湾呈狭长而略有弯曲的新月形，长约970千米，宽56到338千米，面积约24万平方千米，平均水深约40米，最深处104米。海湾地区为世界最大石油产地和供应地，已探明石油储量占全世界总储量的一半以上，年产量占全世界总产量的1/3。所产石油，经霍尔木兹海峡运往世界各地，素有"石油宝库"之称。

● 亚丁湾

亚丁湾是指位于也门和索马里之间的一片阿拉伯海水域，它通过曼德海峡与北方的红海相连。亚丁湾是船只快捷往来地中海和印度洋的必经站，又是波斯湾石油输往欧洲和北美洲的重要水路。由于该地区海盗猖獗，所以亚丁湾又叫作"海盗巷"。红海、亚丁湾和阿拉伯海之间海水的大量对流，强烈的蒸发作用和季风的影响，使水体结构十分复杂。海湾中的生物种类繁多，浮游生物丰富，近海盛产沙丁鱼和鲭鱼，远海鱼类有海豚、金枪鱼、梭鱼和鲨鱼。

● 巴芬湾

巴芬湾位于北美洲东北部巴芬岛、埃尔斯米尔岛与格陵兰岛之间。海湾南经戴维斯海峡通大西洋，北经史密斯海峡、罗伯逊海峡连北冰洋，西经琼斯海峡和兰开斯特海峡进入加拿大北极群岛水域。以戴维斯海峡到内尔斯海峡计算，巴芬湾南北长1450千米，面积约69万平方千米。海湾四周为格陵兰和加拿大大陆架，中央是巴芬凹地。海底沉积了淤泥、沙砾、石砾等陆源物质。巴芬湾有很多冰山，大部分冰山都是因为冰川冲入海中断裂而成。海湾中央覆盖着一厚冰层，难以通航，而北部由于受暖流的影响，长年不封冻，形成"北方水道"。巴芬湾海底的盐分较高，再加上暖流增加海水温度，有利于海洋生物的生长。巴芬湾的海洋生物有鳞虾、北极比目鱼、北极鳕等。哺乳动物有海豹、海象、海豚和鲸。沿岸有大群海鸥、海鸭、天鹅、雪枭和海鹰等。

● 芬迪湾

芬迪湾是加拿大东南海岸大西洋海湾，位于加拿大新不伦瑞克省和新斯科舍省之间，三面为陆地包围，仅西南与缅因湾连通，两者以大马南岛为界。面积约9300平方千米，平均深度75米，最大水深214米。芬迪湾以潮差大而闻名于世，形状狭长，湾口大，湾顶小，像个长长的喇叭形，便于潮波能量的汇聚，在湾顶处集中，水势渲泄不通，隆起而成为高潮，平均高度为10米。它的最大潮差，曾观测到21米高的纪录，成为世界最壮观的涌潮。此外，强劲的浪涛年复一年地冲击海岸，雕砌出了举世闻名的"花盆岩"景观。海湾在东北端分成两汊，形成北部的希格内克托湾和南部的米纳斯湾。两湾潮位分别达到14米和16米。流出海峡的潮水呈红色，显示海水对沿岸红色砂岩和页岩的溶蚀作用。

● 阿拉斯加湾

阿拉斯加湾位于美国阿拉斯加州南部、阿拉斯加半岛与克罗斯海峡之间，西至阿留申群岛的乌尼马克岛，东接斯潘塞角，南界为卡布奇角至斯潘塞角连线。海湾及其南部水域是联结阿拉斯加与美国本土西部的海上走廊，为海上咽喉要道之一。环绕阿拉斯加湾有一条弓形山带，包括科迪亚克岛山地、基奈山、楚加奇山等，形成太平洋东北角的天然屏障。沿岸多峡湾和小海湾，从西向东主要有库克湾、威廉王子湾和亚库塔特湾等。注入的主要河流有苏西特纳河和科珀河。湾北的美国阿拉斯加州有丰富的石油和天然气资源，纵贯该州的输油管道直通湾内的不冻港瓦尔迪兹。沿岸港口安克雷奇设有石油管理中心，库克湾等地所产原油多由此转运。阿拉斯加湾已成为海上石油运输通道，经济意义十分深远。

● 切萨皮克湾

切萨皮克湾是美国面积最大的河口湾，位于美国大西洋海岸中部，为马里兰州和弗吉尼亚州三面环绕，仅南部与大西洋连通。南北长约

320千米，东西最宽约48千米，最窄处仅6.4千米。萨斯奎哈纳河，波托马克河、詹姆斯河等河流注入该湾。湾岸曲折多岛，多重要港口。湾头的巴尔的摩和湾口的诺福克是著名的大港。诺福克同对岸的汉普顿、纽波特纽斯共同形成汉普顿通道。湾口和湾内有两座长大的桥梁，沟通两岸的交通。

◉ 加利福尼亚湾

加利福尼亚湾是墨西哥下加利福尼亚半岛与大陆间的一个海湾，位于墨西哥西北部和下加利福尼亚半岛之间，自西北至东南走向，北窄南宽形似喇叭状。长约1200千米，面积约16万平方千米。科罗拉多河是汇入该海湾的主要河流。地峡地段有波涛汹涌的海潮，非常不利于航行。加利福尼亚湾海底谷地向北延伸到陆地上，形成索尔顿湖盆地，湖岸低于海面75米。湾内多火山岛，风浪大，红色藻类浮游生物繁衍。瓜伊马斯、拉巴斯为主要港口。

◉ 墨西哥湾

墨西哥湾位于北美洲南部，部分为陆地环绕，东、北部是美国，西、南岸是墨西哥，东南方的海上是古巴，经过佛罗里达半岛和古巴岛之间的佛罗里达海峡与大西洋相连，并经由犹加敦半岛和古巴之间的犹加敦海峡与加勒比海相通。面积约154万平方千米，平均水深1512米，最深处超过5200米。著名的河流密西西比河由北岸注入，是著名的墨西哥湾洋流的起点。墨西哥湾由几个生态与地质区组成，其中主要为海岸地带、大陆棚、大陆坡和深海平原。海岸地带有潮沼、沙滩、红树林地区，以及许多海湾、三角湾和湖。大陆沿岸及大陆架富藏石油、天然气和硫磺等矿产。湾内有新奥尔良、阿瑟、休斯敦、坦皮科等重要港口。

◉ 哈得孙湾

哈得孙湾位于加拿大东北部巴芬岛与拉布拉多半岛西侧，东北经哈得孙海峡与大西洋相通，北与福克斯湾相连并通过北端水道与北冰洋沟通。哈得孙湾形似扁盘，面积约82万平方千米，平均水深100米，最大水深274米。因地处高纬度，深居内陆，所以气候严寒，大部分时间海面封冻，是一个多雾、多冰、近封闭的内陆浅海。海湾中经常有风暴和浓雾，不利于航行。哈得孙湾地区的哈得孙湾狼尤为著名，主要居住在哈得孙湾西北部。北部时常也有北极熊出现，以捕食冰中的海豹等为食。主要港口有彻奇尔等。

● 几内亚湾

几内亚湾位于非洲西岸，是大西洋的一部分，西起利比里亚的帕尔马斯角，东止加蓬的洛佩斯角，赤道与本初子午线在这里交汇。沿岸国家有利比里亚、科特迪瓦、加纳、多哥、贝宁、尼日利亚、喀麦隆、赤道几内亚、加蓬，以及湾头的岛国圣多美和普林西比。有沃尔特河、尼日尔河、萨纳加河、刚果河和奥果韦河等流入，为海湾带来大量有机沉积物，经过数百万年形成了石油，令沿岸国家近年备受国际社会重视。几内亚湾沿岸是非洲可可、咖啡、油棕和天然橡胶四大热带经济作物的主要产区，并居世界前列，可可产量占全洲总产量的89%，世界总产量的46%和世界出口量的1/2以上，以科特迪瓦、加纳和尼日利亚三国最为集中。

● 比斯开湾

比斯开湾位于北大西洋的东北部，东临法国，南靠西班牙，介于伊比利亚半岛和布列塔尼半岛之间，略呈三角形，面积约19.4万平方千米。海湾东北部较浅，西南部较深，平均深度1715米，最大水深5120米。海岸比较平直，多沙滩。沿海地带具有冬暖夏凉的海洋性气候，阴雨较多，常有风暴。受北大西洋环流的影响，海流在海湾内作顺时针方向流动。因有多条河流注入海湾，沿海渔业发达，产沙丁鱼、金枪鱼、鲲鱼、鳕鱼、狗鳕以及龙虾、牡蛎等。沿海港口有布雷斯特、南特、波尔多、毕尔巴鄂、希洪、阿维莱斯等。

● 波的尼亚湾

波的尼亚湾位于波罗的海北部，介于芬兰西岸与瑞典东岸之间，南面以奥兰岛和群岛海为界。波的尼亚湾南北长725千米、东西宽80至240千米不等，平均深度为60米，最深处为295米，面积约11.7万平方千米。由于波罗的海与外海的海水交换不大，而且纬度高，蒸发量少，所以含盐度低。而且海水含盐度自波罗的海出口处向海内逐渐减少，使深入内陆的波的尼亚湾成为波罗的海含盐量最低的海域，因此容易结冰，所以冰封期长达6个月。

● 芬兰湾

芬兰湾位于波罗的海东部，北临芬兰，东为俄罗斯，南为爱沙尼亚。芬兰湾形状细长，面积约3万平方千米，东西长约400千米，入口处宽70千米，中部最宽处130千米。有涅瓦河、纳尔瓦河和塞马运河注入。芬兰湾内有戈格兰岛、拉文萨里岛和科特林岛。芬兰湾内航线纵横，主要港口有芬兰的波卡拉、赫尔辛基和科特卡、俄罗斯的维堡、圣彼得堡、喀琅施塔得和塔林。

● 大澳大利亚湾

大澳大利亚湾位于澳大利亚大陆南部，西起澳大利亚的帕斯科角，东至南澳大利亚州的卡诺特角。东西长1159千米，南北宽350千米，面积约48.4万平方千米。海湾北岸近海区水浅，向远海深度逐渐加深，平均水深950米，最大水深5600米。海岸平直，有连绵不断的悬崖。冬季在强劲西北风控制下风浪甚大，素以风大浪高闻名，船舶难以停泊，只有东岸的斯特里基湾风浪较小能安全停泊。海湾内有勒谢什群岛、纽茨群岛和调查者号群岛。林肯港为大澳大利亚湾中的主要港口。

● 卡奔塔利亚湾

卡奔塔利亚湾位于澳大利亚北部阿纳姆地与约克角半岛之间，三面环陆，北面是阿拉弗拉海。东西最大宽度670千米，南北长约600千米，海湾面积约31万平方千米，水深一般不超过80米。南岸多红树林泥滩，东南端有诺曼顿、伯克敦两港。主要岛屿有格鲁特岛、韦尔斯利群岛等。沿岸和岛屿富铝土矿、锰矿和虾等。

● 海　峡

海峡是指两块陆地之间连接两个海或洋的较狭窄的水道。是由海水通过地峡的裂缝经长期侵蚀，或海水淹没下沉的陆地低凹处而形成的。一般水较深，水流较急且多涡流。海峡内的海水温度、盐度、水色、透明度等水文要素的垂直和水平方向的变化较大。底质多为坚硬的岩石或沙砾，细小的沉积物较少。海峡的地理位置特别重要，不仅是交通要道、航运枢纽，而且历来是兵家必争之地。因此，人们常把它称之为"海上走廊""黄金水道"。

● 白令海峡

白令海峡是位于亚洲最东点的迭日涅夫角和美洲最西点的威尔士王子角之间的海峡，是沟通北冰洋和太平洋的唯一航道，也是北美洲和亚洲大陆间的最短海上通道。平均深度约50米，最狭处约85千米。海峡内岛屿罗列，包括代奥米德群岛及海峡南边的圣劳伦斯岛。海峡中海水主要是从北冰洋流来沿海峡西岸流入白令海，来自太平洋的温暖海水沿海峡东岸流入北冰洋。海峡和沿岸地区生活着适宜冰雪生态环境的海豹、海象、海狗、海獭、海狮以及北极燕鸥等。

● 鞑靼海峡

鞑靼海峡是位于太平洋西北的一条海峡，将其东部的库页岛同其西部的亚洲大陆分开，也将其北部的鄂霍次克海同其南部的日本海连接起来。中国黑龙江在此入海，沿岸主要城市是尼古拉耶夫斯克。鞑靼海峡的峡底地形崎岖，水深相差悬殊，浅处只7.2米，深处达230米。海峡沿岸有许多适合建港的海湾，特别是组成苏维埃港海湾的一系列深水港，水面宽阔，有抵挡风浪的天然屏障。鞑靼海峡是寒、暖流的天然通道，北部鄂霍次克海的寒流通过海峡南下，南部对马暖流越过日本海沿海峡北上，两海流在鞑靼海峡中相遇，在鞑靼海峡中形成浓雾，尤其春夏之交，浓雾弥漫，影响船只航行。

● 宗谷海峡

宗谷海峡位于俄罗斯萨哈林岛南端与日本北海道岛西北端之间，是日本海和鄂霍次克海的要冲，也是日本通向太平洋的北方出口。海峡南北最窄处宽约42千米，水深30至60米，最深处118米。海峡是在第四纪初由岛架沉降而成。海峡北岸地势陡峻，南岸地势低平，岸线平直，宗谷湾的稚内港是不冻良港，可停泊巨型轮船和舰艇。宗谷海峡是日、俄两国交通运输的最短航道。

● 津轻海峡

津轻海峡位于太平洋西北部，日本本州与北海道之间，西连日本海、东通太平洋，由海峡北上，直通鄂霍次克海及阿留申群岛，南下则为夏威夷群岛和太平洋，其交通和战略地位十分重要。海峡东西走向，长约130千米，南北宽18至75千米。日本海同太平洋间海水通过海峡进行交换，日本海中暖流汇集于津轻海峡然后流出。从海峡流出的海流同来自白令海的寒流在外海相遇，使海峡附近不仅有从海中深处带至表层的营养盐类，而且有来自热带性和寒带性的浮游生物，为重要的渔业基地。

● 土渊海峡

土渊海峡是日本本州西南与四国、九州间的内海，东经纪淡和鸣门、西经关门和丰豫4个海峡分别与太平洋及对马海峡相通。全长2.5千米，最宽处约400米，最窄处更只有9.93米，是世界上最狭窄的海峡。由于四国山地与中国山地的屏障，气候较温暖干燥，日照长。海洋生物有500多种，出产香鱼、鲨、大白鲨。但赤潮亦经常肆虐当地。

● 渤海海峡

渤海海峡位于中国黄海和渤海，山东半岛和辽东半岛之间，是渤海内外海运交通的唯一通道。海峡南北相距约105千米，北起辽宁大连老铁山，南至山东烟台蓬莱阁。长山列岛分布在渤海海峡的中部和南部，形成船舶可航行的水道以及和外海域相连的通航航门。

● 台湾海峡

台湾海峡位于中国台湾岛与福建海岸之间的海峡，北界西起闽江口，东至台湾的富贵角；南界西自福建省南端的东山岛，东至台湾南部的鹅銮鼻。南北长约370千米，东西约130至200千米，面积约8万平方千米。海峡两岸地貌形态差别挺大。西岸，多为岩石海岸，海岸线曲折多湾，悬崖峭壁，奇石异峰，海洞岬角，海岛密布；海峡东岸多为沙岸，岸线比较平直，地势较为低缓，沙滩淤浅明显，深水区离岸较远，天然良港较少。台湾海峡资源丰富，鱼虾种类多，是中国重要渔场之一。

● 琼州海峡

琼州海峡是中国海南岛与广东省的雷州半岛之间所夹的水道，因海南岛的别称琼州岛而得名，为中国三大海峡之一。琼州海峡东西长约80千米，南北平均宽为29.5千米，最宽处直线距离为33.5千米，最窄处直线距离仅18千米左右，面积2400平方千米。琼州海峡东部海况险恶，被视为航行畏途。海峡全部位于大陆架上，海底地形周高中低，为自北东至南西方向的狭长矩形盆地，中央水深80至100米，东、西两口地势平坦，水深较浅。海峡区海流较强，夏季西南季风盛行，海流自西向东流动，流速大，其他季节均由东向西流动，流速小。海峡是东南沿海进入北部湾的海上要冲。

● 巴士海峡

巴士海峡位于中国台湾岛和菲律宾吕宋岛之间，是太平洋和南海的天然分界线。海峡海底地形起伏变化非常大，主要是大陆坡，间有海岭海沟，海槛深度在2400至2600米之间。巴士海峡地处北回归线以南，属热带海洋性气候，海洋气象特征突出地表现为高温多雨，季风盛行，雷暴较多，台风影响频繁。宽度约370千米的海域被菲律宾的巴坦群岛和巴布延群岛分隔成巴士海峡、巴林塘海峡和巴布延海峡3条水道，通常把这3条海峡统称为巴士海峡，在国际航运中有着重要作用。

● 望加锡海峡

望加锡海峡位于印度尼西亚群岛中段，介于加里曼丹与苏拉威西两岛之间，北通苏拉威西海，南接爪哇海与弗洛勒斯海。海峡自东北至西南走向，长800千米，宽130至370千米。岛屿众多，最大岛屿有劳特岛和塞布库岛。东岸乌戎潘当是优良的商港和军港。沿岸渔业发达。海峡是太平洋西部和印度洋东北部之间的重要通道，为东南亚区际间近海航线的捷径，也是世界上有重要军事和经济意义的八大海峡之一。

● 巴斯海峡

巴斯海峡位于澳大利亚东南端突出部分与塔斯马尼亚岛之间，是分隔塔斯曼尼亚与澳大利亚大陆南部的海峡，东连塔斯曼海，西通印度洋，是沟通南太平洋和印度洋间的重要航道。最窄处宽约240千米，平均约50米深。巴斯海峡以及塔斯马尼亚岛原来同澳大利亚古陆块连成一体，第三纪新构造运动中相对陷落，没入海中而成海峡。海峡两端横列着两列岛屿，西边最大岛名金岛，东端最大岛名弗林德斯岛，雄居两端构成海峡的天然屏障。在巴斯海峡东北水域近海一带储有石油资源，并已经开采。

● 马六甲海峡

马六甲海峡位于东南亚马来半岛与苏门答腊岛之间，西北端通印度洋的安达曼海，东南端连接南中国海。海峡全长约1185千米，西北部最宽达370千米，东南部最窄处只有37千米，是连接沟通太平洋与印度洋的国际水道。北口宽，南口窄。峡底较平坦，水深由北向南、由东往西递减，一般为25至27米。两岸地势低平，多红树林海滩，淤积旺盛，东西海岸线每年可伸展60至500米。西岸多大片沼泽与广大的泥质岛屿，大船不易靠岸；东岸有零散的岬角或岩岛，便于船只停泊。

● 德雷克海峡

德雷克海峡位于南美洲智利合恩角与南极洲南设得兰群岛之间，紧邻智利和阿根廷两国，是大西洋和太平洋在南部相互沟通的重要海峡，也是南美洲和南极洲分界的地方。德雷克海峡是世界上最宽的海峡，其宽度约970千米；同时也是世界上最深的海峡，其最大深度为5248米。海峡表层水富含磷酸盐、硝酸盐和硅酸盐，自北向南递增。是营养盐丰富、有利于生物生长的海区之一。由于受极地旋风的影响，海峡中常常有狂风巨浪，有时浪高可达20米。从南极滑落下来的冰山，也常常漂浮在海峡中，给航行带来很多不便。

● 保克海峡

保克海峡位于印度南角泰米尔纳德邦与斯里兰卡本岛之间，东北与孟加拉湾相连，西南与马纳尔湾相通，全长137千米，最窄处宽67千米，海峡中有断续小岛，组成罗摩桥。斯里兰卡沿岸的贾夫纳港与印度东南部的贸易均通过此海峡。孟加拉湾内的海峡，位于印度东南部和斯

122

里兰卡北部之间，南以帕姆班岛、罗摩桥和马纳尔岛为界。印度韦盖河等多条河流注入。斯里兰卡北部商业中心贾夫纳港与印度南部贸易频繁。海峡西南部分也称保克湾。

● 霍尔木兹海峡

霍尔木兹海峡位于亚洲西南部，介于伊朗与阿拉伯半岛之间，东接阿曼湾，西连海湾，呈人字形。海峡长约150千米，宽55至97千米，最深处219米，最浅处71米，海峡中有许多小岛组成了海峡的"门闩"。由于它是海湾与印度洋之间的必经之地，霍尔木兹海峡素有"海湾咽喉"之称，具有十分重要的战略和航运地位。海湾沿岸产油国的石油绝大部分通过此海峡输往西欧、澳大利亚、日本和美国等地，是东西方国家间文化、经济、贸易的枢纽。

● 曼德海峡

曼德海峡位于亚洲阿拉伯半岛西南端和非洲大陆之间，连接红海和亚丁湾、印度洋。苏伊士运河通航后，为从大西洋进入地中海，穿过苏伊士运河、红海通印度洋的海上交通必经之地，战略地位重要。海峡最窄处仅30千米宽，其中又被小岛丕林岛一分为二，靠近亚洲的东半部又名"伊斯坎德海峡"，3千米宽，30米水深，是曼德海峡中主要航道；靠近非洲的西半部又名"马云海峡"，25千米宽，310米深，多暗礁和一些小火山岛。曼德海峡及其附近地区在地质构造体系上属东非大裂谷的东支北端，第三纪时因受非洲板块和阿拉伯板块分离作用发生地层断裂沉陷而成。

● 莫桑比克海峡

莫桑比克海峡位于非洲大陆东南岸和马达加斯加岛之间，东为马达加斯加岛，西为莫桑比克，是南大西洋和印度洋间的航运要道。科摩罗群岛横列海峡北端，印度礁和欧罗巴岛位于海峡南口。海峡呈东北向西南走向，长1670千米，最宽950千米，最窄处宽460千米，最深处深达3292米。岸线平直，赞比西河从西岸注入，海峡多岛屿与珊瑚礁。莫桑比克暖流流经此海峡，伸延至南方东岸的阿古拉斯海流。盛产龙虾、对虾和海参，并以其肉质鲜嫩肥美而享誉世界市场。

● 麦哲伦海峡

麦哲伦海峡位于南美洲大陆南端和火地岛、克拉伦斯岛、圣伊内斯岛之间。东端与阿根廷相接，余部全在智利领海内。东起大西洋畔的维尔赫纳斯角与圣埃斯皮里图角，西至德索拉西翁岛皮勒角抵太平洋。海峡由地壳断裂下陷而成，长约560千米，最窄处宽仅3千多米。海峡内寒冷多雾，并多大风暴，是世界上风浪最猛烈的水域之一。巴拿马运河通航前，是沟通大西洋和太平洋的重要航道。

● 佛罗里达海峡

佛罗里达海峡位于北美洲东南部佛罗里达半岛与古巴岛、巴哈马群岛间，为墨西哥湾北部通往大西洋的战略要道。长约480千米，宽80至240千米。一般深度500至800米，南部最深1490米。墨西哥湾的温暖海水自佛罗里达海峡流出后，成为北大西洋暖流的起源地。

● 尤卡坦海峡

尤卡坦海峡是古巴岛西端至墨西哥尤卡坦半岛北端之间的海峡，位于墨西哥的卡托切角和古巴岛的圣安东尼奥角之间，是墨西哥湾南部通往加勒比海的通道。海峡宽约216千米，最深处2202米，为美国南部诸港通往巴拿马运河的主要战略通道。南北赤道洋流从东南进入海峡，形成墨西哥湾中湾流的源头。

● 丹麦海峡

丹麦海峡位于格陵兰东南部同冰岛之间，北通北冰洋，南连北大西洋，东北面有扬马延岛，北极圈横穿海峡。长约483千米，北部最狭处宽290千米。东格陵兰寒流沿海峡的西岸南流，把源于北冰洋和格陵兰岛冰盖的冰山带到北大西洋。丹麦海峡也是重要的捕鱼地区。第二次世界大战期间，英德海军曾在此激战。

● 戴维斯海峡

戴维斯海峡位于巴芬岛东南部和格陵兰西南部之间，南接拉布拉多海，北连巴芬湾，南北全长约650千米，东西宽约325至450千米，平均水深2000米左右，是穿越加拿大北极群岛沟通大西洋和太平洋的西北航道的一部分。该海峡得名于英国探险家约翰·戴维斯，他于1585年发现了这条海峡。

● 斯卡格拉克海峡

斯卡格拉克海峡位于丹麦日德兰半岛与挪威南部、瑞典西南部之间，为北海的一部分。海峡西通北海，东经卡特加特海峡和厄勒海峡连接波罗的海，是波罗的海沿岸国家通往北海以及大西洋、北冰洋的重要通道。海峡在地质构造上处在断裂带上，北岸至今仍在继续下沉，并形成一系列深凹的峡湾和海底溺谷。南岸则是宽阔的沙滩、湖、沼泽地，海岸平缓。海峡西口的方向与本区的盛行西风基本一致，使大西洋暖流的一股得以进入海峡，调节了海峡气候，冬季温暖湿润、不封冻。海峡中还有来自波罗的海的盐度较小的海流从海峡表层流向北海。沿岸主要港口有挪威的奥斯陆和克里斯蒂安桑以及瑞典的斯特伦斯塔德。

● 卡特加特海峡

卡特加特海峡位于丹麦的日德兰半岛、西兰岛以及瑞典之间。北经斯卡格拉克海峡与北海连接，南由松德海峡和大、小贝尔特海峡与波罗的海相通。面积约2.5万平方千米，南北长220千米，平均深度26米，东部最深达124米。峡内有丹麦的莱斯岛、安霍尔特岛和萨姆斯岛。主要港口有瑞典的哥特堡和哈尔姆斯塔德，丹麦的阿尔胡斯。海峡为波罗的海诸国通向大西洋的要道，也是避暑胜地。卡特加特海峡冬季沿岸结冰。主产鲱、鲭等鱼类。

● 直布罗陀海峡

直布罗陀海峡位于西班牙伊比利亚半岛最南部和非洲西北角之间，北岸为直布罗陀，南岸为摩洛哥。全长约90千米，西宽东窄，平均水深375米。海峡是北非阿特拉斯山与西班牙高原之间所形成的弧状构造带的一个缺口。海峡风向多为东风或西风，从北方进入西地中海的浅冷气团，往往成为低层高速东风穿过，当地称为累凡特风。沿岸有直布罗陀、阿耳赫西拉斯和休达等港口。直布罗陀海峡连接地中海和大西洋，是地中海地区经大西洋通往南欧、北非和西亚的重要航路。苏伊士运河通航后，尤其是波斯湾的油田得到开发之后，它的战略地位更加重要，成为西欧能源运输的"生命线"。

● 英吉利海峡

英吉利海峡是分隔英国大不列颠岛与欧洲大陆之间的海峡，西南通大西洋，东北连多佛尔海峡。两海峡共同构成长约600千米的水道，沟通着大西洋与北海间的航运。英吉利海峡同多佛尔海峡的分界线大体是法国塞纳河口到英国朴次茅斯的连线，连线西南称英吉利海峡。英吉利海峡是欧洲最小的一个陆架浅海。原欧洲大陆和大不列颠岛相连，海峡是在阿尔卑斯造山运动中发生断裂下沉，被海水淹没而成，现在海峡地区仍在缓慢沉降。海峡两岸平直陡峭，多岛屿。海底多是河流带来的沙砾沉积物和岸壁崩落的碎石。英吉利海峡和多佛尔海峡是西欧沿岸各国以及全世界经济贸易和文化交流的重要通道，每天通过海峡的船只达300多艘，居世界各海峡之冠，成为世界最繁忙的海峡。

● 土耳其海峡

土耳其海峡又称黑海海峡，海峡由3部分组成：东北端为博斯普鲁斯海峡，西南端为达达尼尔海峡，两海峡之间是土耳其内海马尔马拉海。海峡是黑海与地中海之间唯一的通道，也是亚洲和欧洲的分界线。海峡呈东北至西南走向，全长约361千米，两岸地势险峻，水道最窄处只有730米，但海峡通航条件却很优越。海峡中的重要港口是位于博斯普鲁斯海峡的伊斯坦布尔，它是唯一的跨欧亚两大洲的城市。

岛屿半岛篇

　　岛屿是指散布在海洋、江河或湖泊中的四面环水、高潮时露出水面、自然形成的陆地。岛屿可分为大陆型或海洋型。海洋型岛是指那些从海洋盆地底部升高到海面的岛；大陆型岛是大陆棚上那些被水包围但未被淹没的部分。半岛是指陆地伸入海洋或湖泊，一面同大陆相连，其余三面被水包围的地貌状态。

● 岛　屿

　　岛屿是指散布在海洋、江河或湖泊中的四面环水、高潮时露出水面、自然形成的陆地。地球上岛屿众多，总面积约970多万平方千米。其中面积较大的叫作"岛"，面积很小的叫作"屿"。在狭小的地域集中2个以上的岛屿，即为"岛屿群"，大规模的岛屿群称作"群岛"或"诸岛"，列状排列的群岛即为"列岛"。而如果一个国家的整个国土都坐落在一个或数个岛之上，此国家可以被称为岛屿国家，简称"岛国"。岛屿按照成因可分为大陆岛、冲积岛、火山岛和珊瑚岛4种类型。

● 大陆岛

　　大陆岛指的是其地质构造与邻近的大陆相似，原属大陆的一部分，由于地壳下沉或海水上升致其与大陆相隔成岛。大陆岛一般位于大陆附近，面积较大，地势较高。按其形成的原因可分为构造岛和冲蚀岛两种。由于因陆地沉降、海平面上升或板块运动分裂而形成的岛屿称为构造岛。由海蚀作用形成的岛屿叫冲蚀岛，冲蚀岛的高度与大陆一致，其面积一般不大，周围有海蚀的痕迹，如悬崖峭壁等。冲蚀岛在海浪的继续冲刷下将最后消失。

● 冲积岛

冲积岛由于它的组成物质主要是泥沙，也称作沙岛。冲积岛是陆地的河流夹带泥沙搬运到海里，沉积下来形成的海上陆地。陆地的河流流速比较急，带着上有冲刷下来的泥沙流到宽阔的海洋后，流速就慢了下来，泥沙就沉积在河口附近，积年累月，越积越多，逐步形成高出水面的陆地，这就叫冲积岛。冲积岛由泥沙组成，结构松散，因而很不稳定，往往会因周围水流条件的变更，岛的面积会涨大或缩小，形态也会变化。河口地区的冲积岛，每逢遇到强潮倒灌或洪水倾泻，强烈的冲蚀会使岛四周形态发生改变。一般情况下，在冲积岛屿河流和潮流平行的两边，总是一边经受侵蚀，一边逐渐淤积，久而久之，便形成长条形岛屿，有的冲积岛会被冲蚀消失，有的岛屿则会不断发育成长，最后与大陆连成一体。

● 火山岛

火山岛是由海底火山喷发物堆积而成的，在环太平洋地区分布较广。火山岛按其属性分为两种，一种是大洋火山岛，它与大陆地质构造没有联系；另一种是大陆架或大陆坡海域的火山岛，它与大陆地质构造有联系，但又与大陆岛不尽相同，属大陆岛与大洋岛之间的过渡类型。火山岛形成后，经过漫长的风化剥蚀，岛上岩石破碎并逐步土壤化，因而火山岛上可生长多种动植物。但因成岛时间、面积大小、物质组成和自然条件的差别，火山岛的自然条件也不尽相同。

● 珊瑚岛

珊瑚岛一般分布在热带海洋中，一般与大陆的构造、岩性、地质演化历史没有关系，因此珊瑚岛和火山岛一起被统称为大洋岛。它是由活着的或已死亡的一种腔肠动物——珊瑚虫的礁体构成的一种岛。因此，称珊瑚岛。在珊瑚岛的表面常覆盖着一层磨碎的珊瑚粉末，即珊瑚沙和珊瑚泥。根据它形成的状态，可将珊瑚岛分为岸礁、堡礁和环礁 3 种类型：岸礁分布在靠近海岸或岛岸附近，成长条形状，主要分布在南美的巴西海岸及西印度群岛，我国台湾岛附近所见的珊瑚礁大多是岸礁；堡礁分布距岸较远，呈堤坝状，与岸之间有湖分布，最有名的就是澳大利亚东海岸外的大堡礁；环礁分布在大洋中，它的形状极其多样，但大多呈环状，主要分布在太平洋的中部和南部，而且多成群岛分布。

● 格陵兰岛

格陵兰岛位于北美洲东北部，介于北冰洋和大西洋之间。面积约217万平方千米，大约84%都由冰雪覆盖，是世界上第一大岛屿，丹麦属地，首府努克。从北部的皮里地到南端的法韦尔角相距2574千米，最宽处约有1290千米，海岸线全长3.5万多千米。该岛南北纵深辽阔，地区间气候存在重大差异，位于北极圈内的格陵兰岛会出现极地特有的极昼和极夜现象。格陵兰属阴冷的极地气候，仅西南部受湾流影响气温略微提高。该岛冰冷的内地上空有一层持久不变的冷空气，冷空气上方常有低压气团自西向东移动，致使天气瞬息多变，时而阳光普照，时而风雪漫天。

● 新几内亚岛

新几内亚岛位于西太平洋的赤道南侧，西与亚洲东南部的马来群岛毗邻，南隔阿拉弗拉海和珊瑚海与澳大利亚大陆东北部相望。全岛面积约80万平方千米，东西长约2400千米，中部最宽处650千米，是世界第二大岛屿，又称伊里安岛。全岛多山，中部群山盘结，自西北伸向东南，形成连绵延续的中央山脉。大部分山地、高原，海拔都在4千米以上，也是世界上海拔最高的岛屿。重要的矿藏有金、铜、镍、石油和天然气。山区许多河流的中上游水流湍急，有丰富的水力资源，森林约占全岛土地面积的70%以上，其中大部分为原始热带森林。由于经济比较落后，交通运输困难，绝大部分资源尚未开发利用。

● 加里曼丹岛

加里曼丹岛位于东南亚岛屿的中心部分，四面环海，海岸线长达1440千米。东北部为苏禄海，东部是西里伯斯海及望加锡海峡，南部是爪哇海及卡里马塔海峡，西北部则为南中国海。面积约74平方千米，是世界第三大岛，也译做婆罗洲。加里曼丹岛是世界上独一无二的分属于3个国家的岛屿，分别为印度尼西亚、马来西亚和文莱。其中，南部为印度尼西亚的4个省，占全岛总面积的2/3，北部为马来西亚的沙捞越和沙巴两州，两州之间为文莱。加里曼丹岛的中间是山地，四周为平原，南部地势很低，成为大片湿地，人烟稀少。该岛正位于地球的赤道，气候炎热。岛屿森林覆盖率80%。经济开发限于河流下游及海滨地带，主要城镇多在河口内侧。地下矿藏有石油、天然气、煤、金刚石、铜、金等。农产有稻米、橡胶、胡椒、西谷、椰子等。

● 马达加斯加岛

马达加斯加岛位于非洲大陆的东南海面上，隔莫桑比克海峡与非洲大陆相望。面积为62.7万平方千米，岛的形状呈狭长形，南北窄、中部宽，全境最宽处达576千米。海岸线总长约3991千米，是非洲最大的岛屿。马达加斯加岛原来是非洲大陆的一部分，地质构造与非洲大陆相似，全岛基底由古老的结晶岩构成，2/3的基底出露在地表，形成纵贯全岛的高原。岛上唯一的国家是马达加斯加。马达加斯加拥有全球5%的动植物种类，其中80%为马达加斯加所独有。马达加斯加全岛几乎均位于热带区域，在气候上受风系与海拔高度的影响。东南沿海属热带雨林气候，终年湿热，季节变化不明显；中部为热带高原气候，温和凉爽，土地肥沃；西部为热带草原气候；西南部是全岛最炎热的半荒漠地区。

● 巴芬岛

巴芬岛位于巴芬湾以西、哈得孙湾以北，东隔巴芬湾和戴维斯海峡与格陵兰岛相对。自西北至东南走向，面积约50.7万平方千米，长1600千米，最大宽度800千米，是加拿大最大的岛屿。地质构造为加拿大地盾的延续，地形以山地和高原为主。一条被冰川覆盖的山脊纵贯岛的东部，最高山峰达2060米。北部和南部为高原，中西部福克斯湾沿岸为低地。岸线曲折，多海湾和深长的峡湾。岛大部分位于北极圈内，冬季严寒漫长，夏季冷凉，自然景观为极地苔原。巴芬岛岛上大部分地区无人居住，人烟稀少，没有公路和铁路等交通，但已经是北极圈中最多人居住的地方，也常是北极探险队的基地所在。南部的弗罗比舍贝是全岛主要居民点、行政中心和毛皮贸易站，建有机场。北部蕴藏铁矿，西北端的纳尼斯维克为世界上最靠北的矿场。

● 苏门答腊岛

苏门答腊岛是印度尼西亚第一大岛屿，仅次于加里曼丹岛，大巽他群岛岛屿之一。东北隔马六甲海峡与马来半岛相望，西濒印度洋，东临南海和爪哇岛遥接。南北长1790千米，东西最宽处435千米，全岛面积约47万平方千米，占全国土地面积的1/4。西半部山地纵贯，有90余座火山，最高山峰达3805米。东半部强大的河流把淤泥带到下游，形成了辽阔的平地，遍布沼泽和湖泊。岛上常年高温多雨，各地温差不大，降雨则有明显差异。苏门答腊岛的大部分地区被热带森林覆盖，覆盖率达60%。有石油、煤、铁、金、铜、钙等矿藏。农产以稻米、咖啡、橡胶、茶叶、油棕、烟草、椰子等为主。

● 大不列颠岛

大不列颠岛是位于欧洲西北部的一个岛屿，在北大西洋中，同欧洲大陆仅一水之隔。南北长900千米，东西最宽处为520千米，面积约22.99万平方千米。大不列颠岛是不列颠群岛中的第一大岛屿，周围环绕着超过1000座小型岛屿。大不列颠岛为欧洲最大的岛屿，分为英格兰、苏格兰、威尔士三部分，整个岛屿都属于大不列颠和北爱尔兰联合王国统治。沿海有许多深入内陆的峡湾和港湾。周围诸海受北大西洋暖流的影响，冬不结冰。典型的海洋性温带阔叶林气候，冬温夏凉，多雨日，秋冬多雾。地势自西北向东南倾斜，西、北多山地和丘陵，东南为起伏不平的低地。煤炭资源丰富。主要河流有泰晤士河、塞文河和特伦特河，河流水位稳定，利于航运。

● 本州岛

本州岛是日本最大岛。东北隔津轻海峡与北海道相对，西南隔周防滩和关门海峡与九州岛为邻，南隔濑户内海与四国岛相望，西临日本海，东濒太平洋。东北向西南呈弧状延伸，长约1500千米，最宽处约300千米。主岛面积约22.7万平方千米，连同属岛面积约23万平方千米，占全国面积的61.2%，海岸线长1.2万多千米。岛上有日本最高的富士山和最大的琵琶湖。境内大部分为山地，多火山、地震。该岛大部为温带海洋性季风气候，初夏有梅雨，秋季多台风。河网稠密、短小，水力资源丰富，较大的有利根川、信浓川、北上川等。森林面积约占总面积60%。矿产以石油、铜、锌、硫磺、铁等为主。工业主要分布于太平洋沿岸的京滨、阪神、中京以及濑户内海等工业地带。

● 维多利亚岛

维多利亚岛位于加拿大西北地区与努那福特交界的岛屿之一。加拿大北极群岛的第二大岛屿，是世界第九大岛屿。维多利亚岛与南面的大陆隔着多尔芬和尤尼恩海峡、科罗内申湾、迪斯海峡和毛德皇后湾，面积约21.7万平方千米。地面低平，上覆冰积物。地势从蜿蜒曲折的海岸向西北抬升至海拔约655米。为数不多的居民主要集中在西部的霍尔曼与东南部的坎布里奇贝。加拿大不列颠哥伦比亚省会维多利亚市位于加拿大西南的维多利亚岛的南端，城市秀美宁静，素有"花园城市"之称。

● 埃尔斯米尔岛

埃尔斯米尔岛是加拿大北极群岛最北端岛屿，东北紧临格陵兰岛，面积约19.6万平方千米，为加拿大第三大岛。东南部是加拿大地盾的延续，地形为古老结晶岩构成的山原；北部属古生代褶皱带，褶皱山地以古生代沉积岩为主，地形崎岖，群山耸立，巴比尤峰海拔2604米，是北极群岛最高点。埃尔斯米尔岛地处北极附近，气候严寒，冰川广布，地下有永冻层，分布有苔藓、地衣等低等植被。该岛北部是加拿大领土的最北端。

● 纽芬兰岛

纽芬兰岛是北美大陆东海岸的大西洋岛屿。西控圣劳伦斯湾口，北隔贝尔岛海峡与拉布拉多半岛相望，西南与布雷顿角岛隔以卡伯特海峡，南有法属圣皮埃尔和密克隆群岛。略呈三角形，面积约11.1万平方千米。原系北美大陆阿巴拉契亚高地的延续，因下沉成岛。主体为海拔300米左右的低高原，受第四纪冰川侵蚀而岩石裸露，湖泊、沼泽星罗棋布。由前寒武纪岩层组成的长岭山脉，呈东北至西南走向沿西海岸延伸，海拔600米上下，最高点为西南部海拔814米的刘易斯希尔斯山。除西部狭长的沿海平原外，高原地势向东北倾斜，主要河流亦从东北流注入大西洋。地势较低且近代沉积深厚的东部为主要耕作区。海岸十分曲折，多60米以上悬崖和海湾、岛屿。

● 新地岛

新地岛位于北冰洋，介于巴伦支海与喀拉海之间。新地岛主要由南、北两大岛组成，加上另外一些小岛，从东北向西南延伸达1000千米。南、北两岛之间是马托奇金沙尔海峡。南端的库索瓦地岛隔喀拉海峡与瓦伊加奇岛和大陆相望。总面积约8.3万平方千米。群岛为乌拉山系向北延续部分，因此大部分为山地，最高点海拔1590米。北岛的大部分和南岛的一部分为极地荒漠带。气候严寒，岛中未覆冰的地带大多为以沼地为主的苔原，其间的谷地则有灌木生长。岛上有旅鼠、北极狐、海豹、海象等动物，偶尔可见到北极熊。

● 吕宋岛

吕宋岛位于菲律宾群岛的北部，东接菲律宾海，南临锡布延海，西濒南海，北隔吕宋海峡与台湾相望。面积约10.5万平方千米，约占全国面积的35%，它是菲律宾面积最大、人口最多、经济最发达的岛屿。地势北高南低，2/3以上为山地、丘陵，山脉南北纵列。平原较少，以中西部中央平原和东南部比科尔平原为最大，还有一些海岸平原和河谷低地。主要河流有卡加延河、邦板牙河、巴士格河等。北部受台风影响较大。植被以热带雨林和热带季雨林为主。海岸线曲折，长约5000千米。有许多港湾，位于马尼拉湾畔的首都马尼拉是最大港口。矿产有金、铬、铜、锰、锌、煤等。吕宋岛以盛产稻米、椰子，吕宋雪茄闻名于世。

● 帝汶岛

帝汶岛是东南亚努沙登加拉群岛中最大、最东的岛屿。面积3.4万平方千米。南隔帝汶海与澳大利亚相望。全岛分东西两部分，西部属印度尼西亚，为东努沙登加拉省的一部分；东部为东帝汶。岛上高山连绵，最高点法塔迈洛峰海拔2960米。有火山，地震强烈，狭窄的海滨平原有泥火山和地裂缝，多温泉。海岸陡峭，岸外有珊瑚礁。气候炎热，干雨季分明。岛上盛产红木、青龙木、檀木、桉树木、柚木等；矿藏有

133

沙金、铜、锰、铁、石膏、盐和石油；农产有玉米、稻米、番薯、西谷、椰子、咖啡、橡胶、烟草、甘蔗、茶叶等；畜牧业以饲养牛、马出名，亦有猪、羊和养蜂业；渔业主要捕捞海参、玳瑁和珍珠。

● 台湾岛

台湾岛位于东海南部，西临台湾海峡，东濒太平洋，东北与日本的琉球群岛为邻，南隔巴士海峡与菲律宾相望。岛形狭长，从最北端富贵角到最南端鹅銮鼻，长约394千米，最宽处在北回归线附近，约144千米，面积约3.6万平方千米，为台湾省主岛，是中国第一大岛。岛上多山，山地和丘陵占全岛面积2/3。分布于东部和中部，自东向西有台东、中央、玉山、雪山和阿里山5条平行山脉，以中央山脉为主分水岭。其中海拔1000米以上山地约占全部山地的一半，海拔3500米以上山峰有30余座。最高峰玉山，海拔3997米，为中国东南部第一高峰。丘陵多围绕5大山脉山麓，主要有北部的基隆、竹南丘陵，中部的丰原、嘉义丘陵和南部的恒春丘陵，海拔约在600米。北部有大屯火山群，海拔多在1000米以下，是北部的重要屏障。

● 海南岛

海南岛位于中国雷州半岛的南部，是中国最南部海南省的主岛，又称"琼崖"、"琼州"，全岛面积约3.4万平方千米，环岛海岸线长1528千米，是中国第二大岛。北隔琼州海峡，与中国广东省的雷州半岛遥相对望。与华南大陆有着不可分割的"母子关系"和相同的地质构造，是地壳上升后又发生断陷形成的岛屿。岛中部的黎田山和东南部的五指山均为东北至西南走向的山地，境内的南渡江、昌化江、万泉河等都发源于这些山脉，形成放射状水系。海南岛终年常绿，四时花开，海滨风光旖旎秀丽，有"东方夏威夷"的美称。

● 哈马黑拉岛

哈马黑拉岛是印度尼西亚马鲁古省最大的岛屿，面积约1.8万平方千米。由4个半岛组成，环抱3个海湾：东北的卡乌湾、东部的布利湾和东南的韦达湾。一条地峡把北部半岛和其他3个半岛连接起来，在岛的西侧构成另一海湾，湾口有特尔纳特岛和蒂多雷岛。4个半岛皆有山脉纵贯，山上林木深密，多有平原穿插其间。北部半岛有 3 座活火山，其中甘科诺拉火山海拔 1635 米。哈马黑拉岛海岸陡峭，沿海多珊瑚礁。炎热多雨，属于热带森林气候，盛产椰子、西谷、烟叶、稻米、甘蔗、藤条、树脂、豆蔻和珍珠贝。

● 塔斯马尼亚岛

塔斯马尼亚位于澳大利亚南面，是澳大利亚最小的州，也是澳大利亚唯一的岛州。三角形的塔斯马尼亚主岛和澳大利亚大陆的维多利亚州之间被巴斯海峡隔开，海峡东连塔斯曼海，西南通印度洋。岛上气候湿润稳定，动物在大片桉树林区颇为丰富。苔属植物生长地和高沼地有各种毛鼻袋熊。海岸带是绿色玫瑰鹦鹉及卵生哺乳类鸭嘴兽和针鼹的故乡。塔斯马尼亚的资源也丰富多样，主要矿藏有铁、锌、铅、铜、锡和钨。中部和西部地区有水电开发。西部森林提供硬木和纸浆与造纸工业的原料。乳酪业及混作农业以比较湿润的北部地区为主，较干旱的中部和东海岸广泛放牧羊群，东南部专营园艺业。

● 新西兰南岛

新西兰南岛是组成新西兰的主要两个海岛之一，北以库克海峡与北岛相隔，南隔福沃海峡与斯图尔特岛相望，西距澳大利亚 1600 千米，东邻汤加、斐济。最北部费尔韦尔角至南端布拉夫，相距 840 千米，东西最宽处 336 千米，面积 15.4 万平方千米。山脉几乎占该岛的 3/4 面积，南阿尔卑斯山脉纵贯岛中央，山脉西南端，多狭长的海湾，高山地区有冰川和湖泊。东部沿海有狭长平原，以坎特伯雷平原最重要。河流大部分自西部山区流经东南部平原，注入南太平洋。主要河流有克鲁萨河、怀塔基河等。

● 冰　岛

冰岛共和国是北大西洋中的一个岛国，简称冰岛，首都雷克雅未克。位于北大西洋中部，靠近北极圈，是欧洲最西部的国家，面积为 10.3 万平方千米，冰岛 1/8 被冰川覆盖，冰川面积占 8000 平方千米，海岸线长约 4970 千米。整个冰岛是个碗状高地，四周为海岸山脉，中间为一高原。大部分是台地，台地高度大多在 400 至 800 米之间，冰岛最高峰是华纳达尔斯赫努克山，海拔2119米。低地面积很小，西部和西南部分布有海成平原和冰水冲积平原，平原面积占全岛的7%左右。无冰川流过的海岸线不规则，多峡湾、小海湾。其他沿海地区主要为沙滩，岸外的沙洲形成湖。

● 牙买加岛

牙买加是中美洲加勒比海上的一个岛国。在印第安人阿拉瓦克族的语言中"牙买加"就是"泉水之岛"的意思。牙买加岛的面积只有约1.1万平方千米，境内多山岭，山峰都不很高，最高峰也只有2256米。岛上分布着大面积的石灰岩，石灰岩容易被酸性的水侵蚀而出现裂缝、溶洞，使岩石层中有了盛水的空间。牙买加岛东北部的雨量特别充沛，因此岩石层中就储有大量的清水。当岩层受到压力挤压而出现缺口时，便形成了一道道清泉。牙买加有产量居世界第二的铝土矿，出产香蕉、甘蔗、咖啡、可可等热带水果。

● 澎湖列岛

澎湖列岛位于中国台湾岛西部的台湾海峡中，隔澎湖水道距中国台湾省西海岸约48千米，北为目斗屿，南为七美屿，西为花屿，东为查某屿。潮湖列岛由火山喷发形成的60多个岛屿所组成，总面积约127平方千米，岛上千姿百态的火山岩形成了澎湖特有的地质构造。澎湖之名系以澎湖最大的本岛与中屯、白沙、西屿三岛相衔似湖，外侧海水汹涌澎湃，湖内波平浪静，澄清如潮，故而得名。

● 钓鱼岛列岛

钓鱼岛列岛又称钓鱼诸岛，位于中国东海大陆架的东部边缘，在地质结构上属于中国台湾的大陆性岛屿，距台湾省东北基隆港约190千米，距日本冲绳岛西南约420千米。钓鱼诸岛总面积约6.3平方千米，岛屿周围的海域面积约17万平方千米。钓鱼诸岛由11个无人岛组成，包括钓鱼岛、黄尾屿、赤尾屿、北小岛、南小岛、大北小岛、大南小岛等。钓鱼岛本岛东西长3.5千米，南北宽1.5千米，周长13.7千米，面积约为4.3平方千米，是钓鱼诸岛中最大的岛。岛上盛产山茶、棕榈、海芙蓉及珍贵药材等。

● 庙岛列岛

庙岛列岛位于中国辽东半岛与山东半岛之间的渤海海峡，山东蓬莱市长岛以北50千米处，由许多小型的礁石和小岛组成。礁石受海潮的长期侵蚀，变化出许多的样式。其中，姊妹礁、灯塔岛都是十分著名的海岸奇石风光。自北向南，可分为3个岛群：北岛群有南隍城岛、北隍城岛和大钦岛、小钦岛等；中岛群有砣矶岛、高山岛、矶岛等；南岛群有南长山岛、北长山岛、大黑山岛、小黑山岛、庙岛等。庙岛列岛属中国山东省，为渤海门户，既是旅游胜地，也是军事要道。在庙岛列岛中的万鸟岛自然保护区内，山石嶙峋，极宜鸟类繁殖和群居。

● 马尔代夫群岛

马尔代夫群岛位于印度南部约600千米，斯里兰卡西南部约750千米，总面积109万平方千米，陆地面积298平方千米，南北长820千米，东西宽130千米，印度洋上的群岛国家。由北向南经过赤道纵列，形成了一条长长的礁岛群地带。1000多个岛屿都是因为古代海底火山爆发而成，有的中央突起成为沙丘，有的中央下陷成环状珊瑚礁圈，这些岛屿中只有200个岛上有人居住。该国近99%的面积为海洋覆盖，成为世界上最具特色的国度之一。马尔代夫天气气候四季如夏，由于地处赤道，季风柔和，气温波动不大，全年天气温暖。马尔代夫的美丽岛屿和丰富的生态环境备受世人注目，马尔代夫拥有在西印度洋上最多元的珊瑚礁，是世界上珊瑚礁最丰富的海域之一。

● 马来群岛

马来群岛位于印度洋和太平洋之上、东南亚和澳大利亚之间，由2万多个岛屿组成，是世界上面积最大的群岛。马来群岛沿赤道延伸6100千米，南北最大宽度3500千米，总面积约243万平方千米，约占世界岛屿面积的20%。群岛上的国家包括印度尼西亚、菲律宾、新加坡、文莱、马来西亚、东帝汶和巴布亚新几内亚的部分地区。马来群岛上的地形以山地为主，且多分布在岛屿中部。平原比较狭小，主要分布在沿海。马来群岛处于地壳运动活跃的地方，由于太平洋板块、印度洋板块和亚欧板块三大板块彼此挤压，时常引发地震。马来群岛纬度较低，赤道横贯中部，炎热多雨的气候与肥沃的火山土壤为热带经济作物提供了适宜的生长环境。岛上盛产橡胶，椰子、胡椒、油棕、奎宁等，是世界热带经济作物的主要产区，水稻种植也十分广泛。

● 日本群岛

日本群岛位于北太平洋西侧，是太平洋西缘一系列弧形岛屿的一部分。包括北海道、本州、四国、九州4个大岛和附近3000多小岛组成。其中4个大岛占日本总面积的98%，以本州岛为最大。因这些岛屿属日本领土，故称日本群岛。

● 南沙群岛

南沙群岛位于中国南海南部，是中国南海诸岛4大群岛中分布海域最广，岛礁最多，位置最南的群岛，也是中国最南端的领土，南海诸岛归中国海南省管理。南沙群岛西邻越南，东邻菲律宾，北续中沙西沙与海南岛相望，南临马来西亚，文莱包括附近海域面积达70万平方千米。由200多个岛、洲、礁、沙和滩组成，但露出水面的约1/5，已定名的有192个。主要岛屿有太平岛、中业岛、南威岛、弹丸礁、郑和群礁、万安滩等。

● 拉克沙群岛

拉克沙群岛位于印度半岛西南阿拉伯海上，距马拉巴尔海岸约300千米。包括最北部的阿明迪维群岛、拉克代夫群岛和南端的米尼科伊岛，共25个岛，面积约32平方千米。首府卡瓦拉蒂。由水下火山锥周围的珊瑚礁逐步发展而成，各岛面积均小，最大的米尼科伊岛仅4.53平方千米。土壤为珊瑚冲积砂，表层下数尺深有延伸全群岛的珊瑚层。该岛气候终年湿热，盛产椰子及椰制品，渔业也非常重要。工业主要为家庭手工业，有编结椰子纤维、加工椰仁和晒鱼干等。

● 夏威夷群岛

夏威夷群岛位于太平洋中部，共有大小岛屿132个，总面积约1.7万平方千米，其中只有8个比较大的岛屿有人居住。夏威夷群岛雨水充沛，有许多丘陵和山地，都被浓密的森林和草地覆盖着，显现出自然景色的优美。由于各种植物和花卉生长繁茂，夏威夷群岛的昆虫也是最多的。仅蝴蝶就有万种以上，而且有些品种是这个群岛上特有的。夏威夷群岛也是火山岛，是太平洋上有名的火山活动区，因为这些岛屿正位于太平洋底地壳断裂带上，夏威夷群岛都由地壳断裂处喷发出的岩浆形成的，直至现在，一些岛上的火山口，还经常发生火山喷发活动。如夏威夷岛上的基拉韦厄火山、毛伊岛上的哈里阿卡拉火山，都是经常喷发的现代活火山。

● 马尔维纳斯群岛

马尔维纳斯群岛位于阿根廷南端以东的南大西洋水域，西距阿根廷500多千米。在南美洲南端的东北方约480千米。全境由东福克兰、西福克兰两大主岛和200多个小岛组成。海岸曲折，地形复杂，群岛以北部两条东西走向的山脉为主，最高峰达705米。岛上多丘陵，河流短小流缓，植物低矮、浓密，分布在无天然树木生长的草原上，以白草和岩高兰为主。岛上还蕴藏有丰富的泥炭以及铅、煤、铁、银等矿藏资源，近海有石油和天然气。岛上95%的劳动力从事畜牧业和渔业。工业有羊毛和渔产品加工业。首府为其唯一城镇史坦利，位于东福克兰岛上。

● 所罗门群岛

所罗门群岛位于太平洋西南部，是南太平洋的一个岛国。由瓜达尔卡纳尔岛、新佐治亚岛、马莱塔岛、舒瓦瑟尔岛、圣伊萨贝尔岛、圣克里斯托瓦尔岛、圣克鲁斯群岛和周围许多小岛组成，共900多个岛屿，陆地总面积约2.9万平方千米。境内多火山、河流，地震频繁。属热带雨林气候，终年炎热，无旱季。所罗门群岛的首都霍尼亚拉，是第二次世界大战在太平洋的转折点所在地。

● 科隆群岛

科隆群岛位于太平洋东部的赤道上，属厄瓜多尔，东西约300千米，南北约200千米，群岛的总面积达8000平方千米，离厄瓜多尔本土约1000千米，由19个岛及附属小岛及岩礁组成。科隆群岛是一个火山岛，由火山堆组成，20世纪中曾有几个岛屿火山爆发。高耸的火山、火山口和巉岩峭壁形成岛上崎岖的地势。群岛中以伊莎贝拉岛最大，占陆地总面积 1/2 以上，最高点是该岛上的阿苏尔山，海拔 1689 米。群岛受秘鲁寒流影响，虽位于赤道，但气候凉爽干燥，草木茂盛，四周被汪洋大海阻隔，多少年来这个群岛形成了一个特有的生态环境。群岛以其罕见巨大的陆龟而闻名，据说这种龟是地球上生命最长的动物。

● 北极群岛

北极群岛位于北美洲和加拿大最北端，分属努那福特和西北地区管辖。群岛中的巴芬岛、埃尔斯米尔岛和维多利亚岛都是世界上面积最大的一些岛屿。群岛东与格陵兰岛相望，南隔哈得孙湾与加拿大本土相望。陆地面积约 130 万平方千米，属大陆岛。地形有平原、低地、高原、山脉等。北部各岛地势较高，为古生代褶皱山区，由花岗岩、片麻岩构成，以山地高原为主。除巴芬岛外，均位于北极圈内，气候终年严寒，自然景观为苔原带。主要动物有狼、貂、北极熊、驯鹿、麝牛等。因自然条件严酷，绝大部分尚未开发。

● 半　岛

半岛是指陆地伸入海洋或湖泊，一面同大陆相连，其余三面被水包围的地貌状态。大的半岛主要受地质构造断陷作用而成，由于沿岸泥沙流携带泥沙由陆向岛堆积，或岛屿受海浪侵蚀使碎屑物质由岛向陆堆积，逐渐使岛与陆相连，形成陆连岛。从分布情况看，世界主要的半岛都在大陆的边缘地带。从分布特点看，世界主要的半岛都在大陆的边缘地带。欧洲海岸曲折，有众多的半岛，素有"半岛的大陆"之称。

● 阿拉伯半岛

阿拉伯半岛位于亚洲和非洲之间，西面是非洲的边界苏伊士运河、红海和曼德海峡，南面伸入阿拉伯海和印度洋，东面与伊朗隔波斯湾和阿曼湾相望。沙特阿拉伯、也门、阿曼、阿拉伯联合酋长国、卡塔尔和科威特、伊拉克、约旦位于阿拉伯半岛上，其中以沙特阿拉伯为最大。半岛南北长约 2240 千米，东西最宽约 1900 千米，总面积达 322 万平方千米，是世界最大的半岛。阿拉伯半岛常年受副热带高压及信风带控制，非常干燥，炎热干燥的气候形成了大片沙漠，沙漠约占总面积的 1/3，几乎整个半岛都属于热带沙漠气候。半岛上农产品很少，主要以牧业为生，多数放养骆驼。当地出产的阿拉伯马和阿拉伯骆驼世界闻名。半岛沿波斯湾周围蕴藏着大量的石油和天然气，岛上许多国家都以此为经济支柱，给半岛上临波斯湾的国家带来巨大的财富。沙特阿拉伯是世界上生产石油最多的国家，被称为"石油王国"。

● 印度半岛

印度半岛又称德干半岛，位于印度境内，东临孟加拉湾，西频阿拉伯海，南抵科摩林角，北以温迪亚山脉和焦达讷格布尔高原为界，呈倒三角形，伸入印度洋。面积约209万平方千米，是世界第二大半岛。东、西缘沿海岸分别纵列着东、西高止山脉，两山之间是海拔约600米的德干高原，外侧山麓有狭窄的山前沿海平原，内部分布着许多河流切割而成的河谷盆地和丘陵、山地。较大河流有讷尔默达河、戈达瓦里河等。大部分地区属热带季风气候。

● 中南半岛

中南半岛又称中印半岛，位于中国和南亚次大陆之间，西濒孟加拉湾、安达曼海和马六甲海峡，东临太平洋的南海，为东亚与群岛之间的桥梁。半岛包括中国云南、越南、老挝、柬埔寨、缅甸、泰国、新加坡及马来西亚西部。面积206.5万平方千米，占东南亚面积的46%。海岸线长1.17万千米，多重要港湾。中南半岛的山脉和高原主要有西部的那加山脉和阿拉干山脉，为向西突出的弓形山脉，大部分海拔在1800米以上，长约1100千米，包括许多平行山脉，是喜马拉雅山脉向南的延续部分，并继续向南伸展。半岛属于典型的热带季风气候，干季、雨季较分明。半岛蕴藏大量有色金属矿藏，其中铅、锌、银、锑、铜、锡、钨等矿藏均占有重要地位。

● 朝鲜半岛

朝鲜半岛又称韩半岛，位于亚洲东部，东北与俄罗斯相连，西北及北部与中国相接，东南隔朝鲜海峡与日本相望。西、南、东分别为黄海、朝鲜海峡、日本海环绕。朝鲜半岛自北向南延伸，全长1100千米，面积约为22.2万平方千米。朝鲜半岛现有两个国家，分别是北半部的朝鲜民主主义人民共和国和南部的大韩民国。境内多山，山地和高原占整个半岛总面积的80%。属温带季风气候，南部海洋性气候特点明显，北部向大陆性气候过渡，夏季高温多雨，冬季寒冷干燥。

● 堪察加半岛

堪察加半岛位于俄罗斯远东地区东北部，西临鄂霍次克海，东濒太平洋和白令海，面积约37.2万平方千米，是俄罗斯最大的半岛。现属于俄罗斯远东联邦管区，东南海岸的彼得罗巴甫洛夫斯克为其首府。半岛地广人稀，资源丰富。中南部是半岛森林区，广布以落叶松占优势的针叶树以及桦树、白杨等；北部为森林苔原和苔原。动物资源有棕熊、金鹰等，沿海有蓝鲸。当地是鲑鱼品种最多的地区，亦是斯特拉海雕的繁殖地。矿藏有西海岸的煤和东部山地的泥煤、浮石、金、汞、硫、铜、钼等，均未大规模开采。

● 拉布拉多半岛

拉布拉多半岛位于加拿大东部，哈得孙湾与大西洋及圣劳伦斯湾之间；东南以贝尔岛海峡与纽芬兰岛相隔；北以哈得孙海峡与巴芬岛为界；东北隔戴维斯海峡与格陵兰岛为界。面积约140万平方千米，是北美洲最大的半岛，世界第四大半岛。东部属纽芬兰省，西部和西南部属魁北克省。大部分为低高原，海拔300至900米。湖泊众多，有"湖泊高原"之称。河流水力丰富，多源出中部，常与湖泊、瀑布串连，各自入海。属极地长寒气候，东岸有拉布拉多寒流经过，降水季节变化较均匀。除夏季短暂温凉外，地表均为冰雪覆盖。北部沿海为苔原、冰沼土，中南部为针叶林、灰化土。

● 佛罗里达半岛

佛罗里达半岛是美国东南海岸突出的大半岛，大致相当于佛罗里达州的范围。东濒大西洋；西临墨西哥湾；南隔佛罗里达群岛与古巴相望；北与佐治亚州、亚拉巴马州接壤。面积约15.17万平方千米，是美国最大的半岛。半岛地势低缓，平均海拔低于35米。岩溶地貌遍布3万多个大而浅的溶蚀洼地形成的湖泊。其中，奥基乔比湖面积1810平方千米，水深不超过4.5米。南部多为海拔6米以下的沼泽。除南端为热带外，其余属亚热带湿润气候，夏秋之交常有飓风。农业发达，为美国柑橘、蔬菜主要产区。北部多松林，西北部盛产磷酸盐，居北美洲首位。

● 加利福尼亚半岛

加利福尼亚半岛位于墨西哥西北部，地处太平洋和加利福尼亚湾之间，北邻美国，行政上属墨西哥。半岛总面积约14.4万平方千米，南北长约1300千米，最宽处约220千米，最窄处仅40千米，被称为墨西哥的"瘦臂"。半岛以北为北下加利福尼亚州，以南为南下加利福尼亚州。因北美海岸山脉纵贯，由于大断层，靠海湾一侧急遽抬升而地势陡峭；临太平洋一侧平缓下倾。自西北向东南走向的山岭纵贯其间。地势北高南低，最高点为北部的恩坎塔达峰，海拔3078米。海岸曲折，海岸线长3280千米，多小岛。

● 尤卡坦半岛

尤卡坦半岛位于墨西哥湾和加勒比海之间，东靠加勒比海，西临墨西哥湾、坎佩切湾，东北隔尤卡坦海峡与古巴相望，面积约19.8万平方千米。为中美洲向东北方突出部分，半岛大部分属于墨西哥的坎佩切州、金塔纳罗奥州和尤卡坦州；中南部和东南部分属危地马拉佩滕省和伯利兹；在南部还有贝里斯和危地马拉的大部分地区。半岛平均宽约320千米，海岸线长约1100千米。整个半岛地势南高北低，平均海拔不足200米。北部和西部沿岸多荒凉的沙滩，东部沿岸多陡峭的悬崖，且海湾众多，大小岛屿散布其间，最大的为科苏梅尔岛。半岛属热带气候，北部多热带草原，南部则为热带森林。

● 斯堪的纳维亚半岛

斯堪的纳维亚半岛位于欧洲西北角，濒临波罗的海、挪威海及北欧巴伦支海，与俄罗斯和芬兰北部接壤，北至芬兰。南北长1850千米，面积约75万平方千米，是欧洲最大的半岛。半岛有挪威、瑞典两国以及芬兰北端的一小部分。半岛地质古老，中西部纵贯着斯堪的纳维亚山脉，构成半岛地形的主轴。山脉西坡陡峻，直临挪威海岸，许多地方形成峭耸的悬崖。东坡比较平缓，成阶梯状经丘陵台地过渡到波罗的海沿岸平原。斯堪的纳维亚半岛森林茂密，平均覆盖率达50%，其中云杉、松树等针叶树占5/6，仅南部长有白桦、栎、山毛榉等阔叶树，构成混交林，森林工业在挪威、瑞典两国均为重要经济部门。

● 日德兰半岛

日德兰半岛位于北海和波罗的海之间，构成丹麦国土的大部分，西北为北海和斯卡格拉克海峡，东为卡特加特海峡和小贝尔特海峡。半岛北部的沙滩和中部的湖泊，到处可见冰河时代形成的遗迹。南部大部分地区地势低平，半岛两侧沿着海岸线可以看到一些古老城镇。西部是起伏低缓的冰水沉积平原，北海沿岸有着宽阔的沙滩，沙丘上长有灌木。东部的中部是欧洲研究冰河期沉积地形最典型的地区之一。广阔的丘陵几乎纵贯整个半岛，东部沿岸峡湾和沟谷横切其中，有些沟谷又宽又长，两壁十分险峻，谷底流淌弯弯曲曲的河水。东海岸没有直接受到强风浪的冲击，保护良好，所以形成许多深湾和优良港口，如奥堡港、腓特烈港、奥胡斯港等。

● 伊比利亚半岛

伊比利亚半岛又称比利牛斯半岛，位于欧洲西南角。东南部临地中海；西临大西洋；北临比斯开湾；以东北部的比利牛斯山脉为天然界线，与欧洲大陆连接；南部隔着直布罗陀海峡与非洲对望。面积约58.4万平方千米，包括西班牙、葡萄牙、安道尔和英属直布罗陀。梅塞塔高原占半岛面积一半以上，平均海拔610米。断块山地东西横穿高原，将南北分为两大盆地。高原东高西低，南部穆拉森山海拔3478米，是半岛的最高点。由于山脉阻挡，海洋影响较难深入内陆。但夏季阳光辐射值大，是欧洲阳光充沛的地区之一。半岛约有1800条河流，最长的河流为塔霍河。有色金属矿藏较丰富，能源矿藏较贫乏。

● 巴尔干半岛

巴尔干半岛位于南欧东部，西临亚得里亚海，东濒黑海，南滨伊奥尼亚海和爱琴海，东南隔黑海与亚洲相望，北以多瑙河、萨瓦河为界，西至的里雅斯特。面积约50.5万平方千米。包括阿尔巴尼亚、波斯尼亚和黑塞哥维那、保加利亚、希腊、马其顿等国家的全部国土，以及塞尔维亚、黑山、克罗地亚、斯洛文尼亚、罗马尼亚、摩尔多瓦、乌克兰与土耳其的部分土地。半岛地处欧、亚、非三大陆之间，是欧、亚联系的陆桥，南临地中海重要航线，地理位置极为重要。半岛地形以山地为主，平原分布零散，仅萨瓦河、多瑙河、马里查河较宽广。矿产有铜、汞、铬、铅、锌、石油以及铁、煤等。

● 亚平宁半岛

亚平宁半岛又称意大利半岛，位于意大利南部、地中海中部，东滨亚得里亚海和爱奥尼亚海，南临爱奥尼亚海，西濒第勒尼安海和利古里亚海，北以阿尔卑斯山脉同中欧、西欧相连，形如一只靴子，面积约25.1万平方千米。整个亚平宁山脉、圣马力诺及梵蒂冈都在半岛之上，意大利的大部分国土也在其中。地形主干为纵贯南北的亚平宁山脉，为阿尔卑斯山脉主干的南伸部分。属地中海式气候，夏季干热，冬季温湿。河流短小，以台伯河最重要，全长405千米，流经意大利首都罗马，注入第勒尼安海。土壤以褐色土和山地红色土为主。植被为常绿灌丛、山地落叶林。主要农产有葡萄、油橄榄、柑桔等。矿产有铜、银、硫磺等。

● 索马里半岛

索马里半岛位于亚、非两大洲交界处，索马里境内，东濒印度洋，北临亚丁湾，顶端为瓜达富伊角，呈三角形向东北突出，面积约75万平方千米，包括索马里全部和埃塞俄比亚一部。半岛北部由与亚丁湾平行的平顶山块和山岭组成，北坡陡峭，南坡平缓，最高点苏鲁德峰海拔2408米。半岛南部为盖拉索马里高原的一部分，海拔500至1500米，为轻度切割的波状高原。沿海低地属半荒漠，内陆高原属热带草原和荒漠化热带草原。赤道在其南部穿过，所以终年高温，但降水很少，大部属热带荒漠气候，成为北半球距赤道最近的沙漠气候区。索马里半岛地中海和印度洋间海上航道要冲，地理位置极其重要。

● 南极半岛

南极半岛位于西南极洲，是南极大陆最大、向北伸入海洋最远的半岛，东西濒临威德尔海和别林斯高晋海，北隔德雷克海峡与南美洲相望，南接崎岖的山地和冰雪高原。南极半岛属于新生代褶皱带，基岩起伏不平，海拔5140米的文森山是南极洲的最高峰。海岸曲折，近海岛屿很多。通过海底山脉可将南极半岛、南奥克尼群岛、南桑德韦奇群岛、南佐治亚岛、南美洲安第斯山脉连成蟠龙式的连续相接的山系。半岛及附近岛屿蕴藏着丰富的锰、铜、镍、金、银、铬等矿产。半岛是南极大陆最温暖、降水最多的地方。西海岸有较多的"绿洲",生长着少量高等植物及苔藓、地衣和藻类,动物和鸟类也较多,故南极半岛有"南极绿岛"之称。

国家公园篇

　　国家公园是指国家为了保护一个或多个典型生态系统的完整性，为了给生态旅游、科学研究和环境教育提供场所，而划定的需要特殊保护、管理和利用的自然区域。它既不同于严格的自然保护区，也不同于一般的旅游景区。

● 黄石国家公园

　　黄石国家公园是美国设立最早、规模最大的国家公园，成立于1872年。公园位于美国中西部怀俄明州的西北角，并向西北方向延伸到爱达荷州和蒙大拿州，占地约8956平方千米。公园自然景观分为五大区，即玛默斯区、罗斯福区、峡谷区、间歇泉区和湖泊区。园内拥有各种森林、草原、湖泊、峡谷和瀑布等自然景观，大量的热泉、间歇泉、泥泉和地热资源，构成了享誉世界的独特地热奇观。园内大大小小的间歇泉共有300多个，其中"老忠实泉"最为著名。黄石公园也是美国最大的野生动物庇护所和著名的野生动物园。

● 大峡谷国家公园

　　大峡谷国家公园位于美国西部亚利桑那州西北部的科罗拉多高原上，峡谷平均深度超过1500米。1919年，美国国会通过法案，将大峡谷最深最壮观的一段长约170千米的地段划为大峡谷国家公园。峡谷是世界闻名的自然奇观，由雄伟的科罗拉多河经过数百万年的冲蚀而形成。峡谷两岸最为神奇的是峡谷两壁的岩石和土壤在阳光的照射下呈现出五光十色的光彩，时而紫色，时而深蓝色，时而又呈棕色，全依太阳光线的强弱而定。大峡谷国家公园野生动植物资源十分丰富，峡谷中从下向上，有亚热带到寒带的各种植物。还有世界上绝无仅有的凯巴布松鼠、玫瑰色响尾蛇。

● 雷尼尔山国家公园

雷尼尔山国家公园是一座以雷尼尔山为中心的公园，位于美国华盛顿州西部，西雅图南面。1899年为保护雷尼尔山自然景色而建立国家公园。园内包括原始的老生雨林及高原，公园面积约980平方千米。雷尼尔山是世界上最雄伟的山岭之一，海拔4323米。山顶终年被冰雪覆盖，有27道冰河向四周喷射而出。山麓下是茂密的原始森林，湖泊、瀑布错落其间。位于东面山坡的埃蒙斯冰川是美国最大的冰川。

● 梅萨维德国家公园

梅萨维德国家公园也称为弗德台地国家公园，位于美国科罗拉多州西南部蒙特苏马山谷和曼科斯山谷之间，占地面积约211平方千米，是北美印第安人史前文化崖壁遗迹保留地。1906年开辟为国家公园，并设立了专门管理机构。公园内遗存的印第安人建筑遗迹最集中和最大的主要有两处：一处是绝壁宫殿；一处是云杉树屋。公园设有博物馆，馆内收藏了造型精巧的黑白花纹陶器、鸳鸯杯、连柄杯、水瓮等。这些古迹是美洲大陆高度发展的印第安人文明的象征，对于了解哥伦布发现美洲大陆前的北美印第安人生活极有价值。

● 大雾山国家公园

大雾山国家公园位于美国东部北卡罗来纳州和田纳西州交界处南阿巴拉契亚山脉，占地约2090平方千米。由于山林上空总是笼罩着一层淡淡的薄雾，因此得名"大雾山"。大雾山国家公园95%以上的面积被森林覆盖。山中多变的地形地势为植被的生长演化提供了良好的环境，植物群落随着海拔高度发生明显的变化。山地的上部是以加拿大冷杉和云杉为主的针叶林；中下部以阔叶林为主；山麓地带，高大的栎树、松树、铁杉混杂。这里的地貌特征、生物演化和物种多样性都使大雾山国家公园成为最好的自然保护区。

● 奥林匹克国家公园

奥林匹克国家公园位于美国华盛顿州西北部的奥林匹克半岛上，从奥林匹克山脉山顶一直延伸到雨林深处，总面积约3629平方千米。高山上的积雪终年不化，形成大大小小的冰川。山脚下由于一年四季都有丰富的雨水，每年春天又有稳定的融雪，山腰处形成雨林生态。奥林匹克国家公园地处温带，因此这里的雨林称为温带雨林，其植被、动物品种都有别于热带雨林。1897年这里被宣布为国家森林，1909年设为国家自然保护区，1938年奥林匹克国家公园正式成立，1976年列入国际生物保护圈，1981年列入《世界自然遗产目录》。

● 化石林国家公园

化石林国家公园位于美国亚利桑那州北部阿达马那镇附近，是世界上最大、最绚丽的化石林集中地。园内数以千计的树干化石倒卧在地面上，直径平均在1米，长度在15至25米之间，最长达40米。在完整的树干化石周围，有许多破碎零散的化石木块。这些石化的树木年轮清晰、纹理明显，在阳光之下闪闪发光。它们原是史前林木，约在1.5亿年前的三叠纪年代，由于洪水冲刷裹带，逐渐为泥土、砂石和火山灰所掩盖，几经地质变迁，陆地上升，使这些埋藏地下的树干重见天日。其水质细胞，经历矿物填充和改替的过程，又被溶于水中的铁、锰氧化物染上黄、红、紫、黑和淡灰等颜色，形成了今天的五彩斑斓，镶金叠玉的化石树。

● 大沼泽地国家公园

大沼泽地国家公园位于美国佛罗里达州的南端，面积约5670平方千米。整个大沼泽长约100千米，宽约80千米，其中央是一条发源自奥基乔比湖的浅水河，河上有无数低洼小岛，或硬木群落，星罗棋布。淡水河缓缓流过广袤平原，造就了这种独特的大沼泽地环境。辽阔的沼泽地、壮观的松树林和红树林为无数野生动物提供了安居之地，这里也是美国本土上最大的亚热带野生动物保护地。但是对它们生存至关重要的生态因素——水流，却因南佛罗里达20世纪初开始的城市和乡村的发展正受到严重的破坏，一半的原始湿地因此而干涸。1993年12月，大沼泽地国家公园被列入濒危的世界遗产名录中。

● 火山口湖国家公园

火山口湖国家公园位于美国俄勒冈州西南部的喀斯喀特山上，占地面积约650平方千米。为保护火山口湖和周围的林木，美国政府于1902年连同附近地区划为国家公园。火山口湖是公园的核心和主要部分，火山口湖是由于多次火山爆发然后地陷形成，为喀斯喀特山脉火山口内的深水湖，呈圆形，最宽处近10千米，面积约54平方千米，深579米。因火山口湖与外界的河流不相通，因此，湖水呈现碧蓝色。湖中央是巫师岛，是一座火山灰形成的火山锥，它因形如巫师所戴的尖顶帽而得名。

● 拱门国家公园

拱门国家公园位于美国犹他州东部的科罗拉多高原上，占地约310平方千米，以"拱门"奇观而世界闻名。科罗拉多高原的岩层由远古时代海底的沉积物组成，富含盐分。随着沉积物的日积月累，岩层受到的压力越来越大，这些岩层慢慢发生了形变。雨水和融水使凝结沙岩的黏合物分解。在冬季，岩层中的水受冷结冰而膨胀，使岩石颗粒和薄片脱离，出现了孔洞，随时间流逝，侵蚀使孔洞的形状进一步扩大。最后，孔洞中的大块石头脱离，形成沙岩拱门。这里是世界上最大的自然沙岩拱门集中地之一。

● 国会礁脉国家公园

国会礁脉国家公园位于美国中南部，犹他州千湖山火山与鲍威尔湖之间。整个公园呈狭长形，南北长约96千米，东西最宽处仅16千米，占地约979平方千米。国会礁是科罗拉多高原岩层皱褶的突出部分，长达上百千米。公园地形大约形成于6500多万年前，那时科罗拉多高原正在逐渐抬高，与其相连的其余部分相对下沉，造成岩层大规模的扭曲。现在岩层的皱褶就像一个巨大的岩石阶，大块的岩石层没有在皱褶的部分断裂开来，而是自然地垂在皱褶上。积年累月，荒野上狂风对皱褶进行了侵蚀，渐渐形成了平行的山脊和峡谷相间的地貌。

● 冰河湾国家公园

冰河湾国家公园位于美国阿拉斯加州和加拿大交界处，区内包括一系列冰川。1925年这里成为国家纪念公园，目的在于保护冰川环境和当地植被。1980年冰河湾成为国家公园和保护区。公园覆盖面积共约1.3

万平方千米，包括约2500平方千米的咸水区和1415千米长的海岸线。园内有丰富的自然景观和完整的生态系统，典型的冰川作用形成了迷人的景色，以及潮汐冰川都是这一地区的特色景观。

● 大特顿国家公园

大特顿国家公园位于美国怀俄明州西北部壮观的冰川山区，1929年建立，占地约126平方千米。公园内海拔3048米以上的山峰20余座，最高的山峰是大特顿峰，海拔4198米，有存留至今的冰川。分布在该地的冰湖以珍尼湖为最著名。斯内克河上用水坝拦堵形成的杰克森湖为当地最大的水域。园内还有成群的美洲野牛、麋鹿和羚羊等许多种哺乳动物。

● 哈莱亚卡拉国家公园

哈莱亚卡拉国家公园位于美国夏威夷州毛伊岛上，公园面积约118平方千米，其中有100平方千米为野生区。哈莱亚卡拉国家公园横跨5个气候显著不同的地区，所以景致也有所不同。该国家公园的名字"哈莱亚卡拉"在夏威夷语中意为"太阳之屋"。哈莱亚卡拉火山是世界上最大的休眠火山，最高峰海拔3055米，这也是该国家公园的主要景观。哈莱亚卡拉国家公园内大多数地区几乎寸草不生，但是公园的东北角却雨量充沛，是树、草和蕨类植物生长的绿洲，而且还有罕见的银剑。银剑是种奇异的濒危植物，而且只能在毛伊岛和夏威夷岛生长。

● 夏威夷火山国家公园

夏威夷火山国家公园位于美国夏威夷州的夏威夷岛上，面积929平方千米。主要包括莫纳罗亚和基拉韦厄两座现代活火山，同时它们也是夏威夷火山国家公园闻名遐迩的显著性标志。其中莫纳罗亚火山是夏威夷第一大火山，海拔4170米，呈圆锥形，它是从水深6000米的太平洋底部耸立起来的，从海底到山顶高度超过1万米，比珠穆朗玛峰还高1000多米。在过去200年间，莫纳罗亚火山约喷发过35次，至今山顶上还留着火山口。火山喷发时，大量熔岩不断地倾泻出来，使山体日益增大，被称为"伟大的建筑师"。

● 红杉树国家公园

红杉树国家公园位于美国西部加利福尼亚州西北的太平洋沿岸，近海处是大面积的海岸红杉，向内陆延伸后则以山脉红杉为主。公园南北绵延近600千米，成熟的红杉树树干高达70至120米，树龄达800至3000年，是世界上罕见的植物景观。园内涵盖了两种截然不同的自然地理环境：崎岖的海岸和临海的山脉。绵延55千米的海岸线，不乏陡峭的岩壁与宽阔的海滩，从海平面到海拔950米的高度差异，加上终年湿润的海洋性气候，使国家公园呈现出缤纷多彩的自然生态风貌。

● 约塞米蒂国家公园

约塞米蒂国家公园位于美国加利福尼亚中部偏东，面积约3086多平方千米。公园以约塞米蒂溪谷为中心，峡谷内有默塞德河流过，以及一些瀑布，包括著名的约塞米蒂瀑布。景观中还有许多美丽的山峰，其中最著名的是船长峰，这是一个由谷底垂直向上高达1099米的花岗岩壁，是世界上最高的不间断陡崖之一。公园内的地势落差极大，不断映入眼帘的山峰、峡谷、河流、瀑布，构成了山谷内鬼斧神工的雄伟景色。垂直高度的变化带来气候、植被和动物分布的迥然不同。从寒冷的高山带到温暖湿润的亚热带，公园的万千景致带给人应接不暇的感受。

● 班夫国家公园

班夫国家公园是加拿大第一个国家公园，位于加拿大艾伯塔省西南部与不列颠哥伦比亚省交界的落基山东麓。公园占地约6680平方千米，遍布冰峰、冰河、冰原、冰川湖和高山草原。路易斯湖位于公园中央，公认为落基山脉最美丽的湖泊。湖北面是著名的维多利亚雪山，海拔3464米。路易斯湖就是维多利亚雪山融化的雪水流下来所形成的，水质极其清澈。公园有山区、亚高山带和高山3个生态区域。

● 贾斯珀国家公园

贾斯珀国家公园位于艾伯塔省落基山脉最北部，在班夫国家公园的北面及艾德蒙顿的西面。占地面积约1.1万平方千米，是加拿大落基山脉最大型的国家公园。发源于哥伦比亚冰原的阿萨巴斯卡河沿着东面落基山脉的斜坡流入园内的大奴湖、马里奴湖，湖水深而清澈，景色迷人。园内还有数量众多的麋鹿、加拿大盘羊和其他大型动物，以及它们的天敌灰熊、美洲狮等。

● 纳汉尼国家公园

纳汉尼国家公园位于加拿大西北地区的辛普森堡附近，占地约4770平方千米，被列为联合国教科文组织指定的世界自然遗产之一。园内的纳汉尼河和弗拉特河汇流于奇伟壮丽的峡谷间，水流湍急，向内弯曲成梳子状，冲出峡谷后，水势平缓，蜿蜒曲折地流向公园南部高原，景色蔚为壮观。地下河流纵横交错、密若蛛网，钟乳石和石笋洞窟数量繁多。公园属于北极苔原地带，丰富多样的动植物种类构成了纳汉尼典型的苔原生态系统。园中有各种各样的动植物，还包括已濒临灭绝的金鹰和隼。

● 蒂卡尔国家公园

蒂卡尔国家公园位于危地马拉东北部的热带丛林深处，公园占地约575平方千米。森林里有上千年历史的玛雅城市遗址，目前挖掘出来并开放参观的古迹有4000多处。蒂卡尔的庙宇宫殿皆环绕广场和庭院而建，建筑物前雕刻的石碑和祭台林立成行，井然有序。宽阔的石阶路自外部庙堂通向中心广场。城市用水由蓄藏量丰富的地下水库供应。蒂卡尔堪称建筑奇迹，尤其在缺乏车辆、滚轮和拖曳牲畜的条件下建造如此辉煌壮丽的都市，实在令人惊叹。公园内包括数种地形，有丘陵、沼泽、山地等。它是迄今人类了解最多、规模最大的玛雅古城之一。

● 达连国家公园

达连国家公园位于巴拿马东部边境达连省与哥伦比亚交界处炎热潮湿的热带雨林区，面积约5570平方千米，海拔高度介于海平面与1875米之间。公园的地理位置堪称世上绝无仅有，主要是因为公园成为沟通中美洲与南美洲之间的陆地桥。园内自然环境千姿百态，有沙质的海滩，岩石林立的海滨，红树林，淡水沼泽地，棕榈阔叶森林沼泽地带，低地和高地地区的潮湿热带雨林。园内的丛林是美洲热带地区类型最多的丛林，热带雨林占主要地位。植物类型众多，树木参天耸立，平均高度达40米。这里的气候舒适宜人，十分适合动植物生长。一种名为库依波的巨树格外引人瞩目，在巴拿马及哥伦比亚北部地区都极为罕见。

● 卡奈马国家公园

卡奈马国家公园位于委内瑞拉东南部的玻利瓦尔州东部高原，面积约3万平方千米。海拔从450至2810米起伏很大。公园65%的土地由石板山覆盖，这些生物地质学的实体构成的石板山极具地质学价值。陡峭的悬崖和高达1000米的瀑布，构成了公园的独特景观。1994年联合国教科文组织将卡奈马国家公园作为自然遗产，列入《世界遗产名录》。

● 阿比塞奥河国家公园

阿比塞奥河国家公园位于秘鲁北部的圣马丁省，面积约2745平方千米。园内广阔的热带雨林是生物天然的保护地，这里生活着其他地方见不到的无脊椎动物和爬虫类动物。还生活着南美最大的猫科猛兽美洲豹，以及长毛蜘蛛猴、秘鲁鹿、大犰狳、美洲猫、眼镜熊等动物。公园里散布着许多古代建筑遗址，这些遗址是8000年前人类生活的地方。目前只发掘了戈帕哈丹、罗斯等36处，绝大多数遗址还沉睡在高原的草地下。这些遗址在考古学上有着非常重要的价值。

● 阿根廷冰川国家公园

阿根廷冰川国家公园坐落于阿根廷南部，这里是纵贯南美大陆西部的安第斯山脉南段巴塔哥尼亚山脉东侧，属巴塔哥尼亚高原阿根廷圣克鲁斯省。冰川群面积约4457平方千米，西接智利国界。这里气候寒冷，积雪终年不化，为冰原的形成创造了十分有利的气候条件。冰川群东部以阿根廷湖为首，多条冰川汇集此处。从巴塔哥尼亚冰原漂移过来的10座冰川由南向北，屹立于园内。除莫雷诺冰川外的9座冰山都在消融，冰水注入大西洋。莫雷诺冰川是世界上少有的正在生长的冰川，在这里每天都可以看到冰崩的奇观，1945年阿根廷将此地列为国家公园加以保护，1981年被列入联合国世界自然遗产。

● 伊瓜苏国家公园

伊瓜苏国家公园跨越阿根廷和巴西国界，高80米，长度上延伸至

2700米的伊瓜苏瀑布就位于这个地区的中心。瀑布产生的云雾滋润着葱翠植物的生长。许多小瀑布成片排开，层叠而下，激起巨大的水花。周围生长着200多种维管植物的亚热带雨林，许多稀有和濒危动植物物种在公园中得到保护，这里是南美洲有代表性的野生动物貘、大水獭、食蚁动物、吼猴、虎猫、美洲虎和大鳄鱼的快乐家园。

● 卡卡杜国家公园

卡卡杜国家公园位于澳大利亚北部地区首府达尔文市东部200千米处，以前这里是土著自治区，1979年被划为国家公园。占地面积约2万多平方千米，以葱郁的原始森林、各种珍奇野生动物，以及保存有2万多年前的山崖洞穴间的原始壁画而闻名。公园按地势分为海潮区、水涝平原区、低地区、陡坡和沉积岩孤峰区、高原区5个区域。卡卡杜国家公园是一个典型的生态平衡的地区，为大量的珍稀动植物提供了优越的生存条件。

● 库克山国家公园

库克山国家公园位于新西兰南岛中西部，南起阿瑟隘口，西接迈因岭，正处于阿尔卑斯山中段，呈狭长形，占地面积约700平方千米。公园内1/3的地区终年积雪，雪峰此起彼伏，有3000米以上的高峰15座，其中库克山雄踞其中，海拔3764米，是新西兰最高峰，有"新西兰屋脊"之称。

● 峡湾国家公园

峡湾国家公园位于新西兰南岛西南端，濒临塔斯曼海。1904年被列为保护区，1952年开辟为国家公园。公园面积12500平方千米，是新西兰最大的国家公园。公园处在太平洋板块和澳大利亚与印度洋板块交界处的高山断层上，是地震多发地区。这里的独特景观多种多样，有峡湾、岩石海岸、悬崖峭壁、高山湖泊和众多瀑布。园内有南岛最深的马纳波里湖和最大的特阿瑙湖。

● 汤加里罗国家公园

汤加里罗国家公园位于新西兰北岛中南部，是新西兰最著名的火山公园，有 15 座近代活动过或正在活动的火山口，呈线状排列，向东北延伸。其中包括三个著名的活火山，即汤加里罗火山、瑙鲁霍伊火山和鲁阿佩胡火山。汤加里罗火山海拔约 1968 米，峰顶宽广，包括北口、南口、中口、西口、红口等一系列火山口。鲁阿佩胡火山是北岛的最高点，海拔 2796 米，顶上终年积雪皑皑，是著名的滑雪胜地。三座火山中最壮观的是瑙鲁霍伊火山，呈圆锥形，山坡陡峭，顶部是直径 400 米的火山口，是十分典型的圆锥形火山。火山烟雾腾腾，常年不息。

● 塞伦盖蒂国家公园

塞伦盖蒂国家公园位于坦桑尼亚北部马拉、阿鲁沙、希尼安加三省境内，公园面积约 1.4 万平方千米，是坦桑尼亚面积最大、野生动物最集中的天然动物园。公园植被以开阔草原型植物为主，但在严重干旱时几乎全部变为沙漠。公园中部为大片金合欢林地草原，丘陵植物和茂密的林地，一些长廊林覆盖了公园北部的大部分地区。公园由于拥有现今极大规模的动物群落而闻名遐迩，牛羚、斑马、羚羊、狮子等动物群在季节性的水源地和草场之间来往迁徙。

● 鲁文佐里山国家公园

鲁文佐里山国家公园位于乌干达首都坎帕拉以西 300 千米处，面积约 1000 平方千米。1994 年，联合国教科文组织将鲁文佐里山国家公园作为自然遗产，列入《世界遗产名录》。公园由鲁文索瑞山脉的主干构成，包括非洲的第三高峰玛格丽塔峰，海拔 5109 米。这一地区的冰川、瀑布和湖泊使它成为非洲最美丽的山区之一。公园保护着许多自然栖息地、濒危物种和珍稀植物，包括巨型石南花。

● 马诺沃—贡达圣弗洛里斯国家公园

马诺沃—贡达圣弗洛里斯国家公园位于中非共和国巴明吉班戈兰省，与乍得边界接壤。公园于 1979 年兴建，面积约 1.7 万平方千米。公园地貌丰富，北部为荒原，中部地势平缓，南部为绵延起伏的高原，既有陡峭的悬崖，亦有茂密的森林。公园北部天气炎热，但南部却潮湿多雨。由于地形与天气多变，园内生长的植物繁多，总数达 1200 种。园内还拥有黑犀牛、象、猎豹、豹、赤额瞪羚、非洲水牛等野生动物。

● 乞力马扎罗国家公园

乞力马扎罗国家公园位于坦桑尼亚东北部，临近肯尼亚，面积约756平方千米。公园由林木线以上的所有山区和穿过山地森林带的6个森林走廊组成。园内的乞力马扎罗山是非洲的至高点，海拔5963米，矗立在周围的草原之上，终年积雪的山顶在大草原上若隐若现，赫然耸立于坦桑尼亚北部的半荒漠地区。乞力马扎罗山四周都是山林，生活着众多的哺乳动物，其中一些还是濒于灭绝的种类。乞力马扎罗山素有"非洲屋脊"之称，而许多地理学家则喜欢称它为"非洲之王"。

● 肯尼亚山国家公园

肯尼亚山国家公园位于肯尼亚东部，距离首都内罗毕东北193千米处，公园横跨赤道，距肯尼亚海岸480千米。公园包括肯尼亚山国家公园715平方千米，肯尼亚山自然森林705平方千米。1949年建立国家公园。1978年4月成为联合国教科文组织人与生物圈规划的一个生态保护区。园内的肯尼亚山海拔5199米，是非洲的第二高峰。山上有12条小冰川，融化迅速，还有4个次级山峰坐落在U形冰川谷的顶部。崎岖的冰川和森林覆盖的斜坡使肯尼亚山成为东非最引人注目的地貌。在这里非洲高山地区的植物的演化和生态也为生态进程的发展提供了突出的样例。1997年列入《世界遗产名录》。

● 纳库鲁湖国家公园

纳库鲁湖国家公园位于肯尼亚裂谷省首府纳库鲁市南部，占地约188平方千米。1960年，纳库鲁湖连同附近草地、沼泽、树林和山地被划为鸟类保护区，1968年正式开辟为国家公园，是非洲地区为保护鸟类最早建立的国家公园之一。纳库鲁湖及其附近的几个小湖，地处东非大裂谷谷底，是地壳剧烈变动形成的。它的周围有大量流水注入，但却没有出水口。长年累月，水流带来大量熔岩土，造成湖水中盐碱质沉积。这种盐碱质和赤道线上的强烈阳光，为藻类滋生提供了良好的条件。几个湖的浅水区生长的一种暗绿色水藻是火烈鸟赖以为生的主要食物。纳库鲁湖及其周围地区，成为火烈鸟聚居的地方，被称为"火烈鸟的天堂"。

● 察沃国家公园

察沃国家公园是肯尼亚境内最大的国家公园，占地约2.1平方千米，由东察沃和西察沃两部分组成。东察沃是一望无际的草原，是科学家们研究自然的基地，几乎不对游人开放。面积仅有1000平方千米的西察沃则更为引人注目，西察沃位于察沃河与蒙巴萨高速公路之间的狭长地带。20世纪60年代这里曾是世界上黑犀牛数量最多的地方，约9000余头。但由于生态平衡遭到破坏，到80年代末仅剩100头左右。如今，园内已设犀牛栖息保护地，其数量有所回升。还有狮子、猎豹、金钱豹、大象、长颈鹿、野牛、斑马、羚羊等野生动物。

● 马拉维湖国家公园

马拉维湖国家公园位于马拉维共和国的马拉维湖南端，是世界上第一个淡水湖国家公园。1984年联合国教科文组织将马拉维湖国家公园作为自然遗产，列入《世界遗产名录》。马拉维湖是一个独立的生态地理分区，湖中几乎所有的岩石岛屿都互不相连，而且它们与大陆之间或者有沙质平原相通，或者隔着深水遥遥相望。岛屿是成千上万的白胸鸬鹚的重要栖息地，沿滨线还生活着许多鱼鹰。爬行动物则以湾鳄、蜥蜴和形形色色的蛇类为主。哺乳动物包括河马、豹、弯角羚、薮羚、山羚、黑斑羚、灰色的潜水羚羊、大狒狒、绿长尾猴和大河猪，偶尔也有非洲大象在此地出没。

● 布温迪国家公园

布温迪国家公园位于乌干达的西南部，处于平原和山区森林的交汇处。公园占地约320平方千米，以生物的多样性而闻名，园内拥有160多种树木和100多种蕨类植物，种类繁多的鸟类和蝴蝶，还有许多濒危物种，包括公园最著名的山地猩猩。布温迪国家公园是非洲29个植被森林保护区之一，1994年列入世界遗产名录。

● 塞米恩国家公园

塞米恩国家公园位于埃塞俄比亚西北部的伯根德省，公园占地面积约220平方千米，海拔高度介于1900至4430米之间。广阔起伏的台地，草木繁茂，以埃塞俄比亚阿姆哈拉高原的北缘为边界。为锡门山脉的一部分，包括埃塞俄比亚最高峰拉斯达善峰，海拔4620米。公园也是一些极珍稀动物的栖息地，比如杰拉达狒狒、塞米恩狐狸和世界上仅此一处的瓦利亚野生山羊。

● 卡盖拉国家公园

卡盖拉国家公园位于卢旺达东北地区，占地约2500平方千米，约占卢旺达全国面积的1/10。公园海拔在1250至1825米之间，园内山峦起伏，河流纵横，大小湖泊共有22个，湖中有岛，岛上有湖。整个公园草肥水美，是野生动物繁衍生长的理想世界。公园内的动物有食肉、食草、灵长目和鸟类等多种。食肉类动物有狮子、豹、鬣狗等，食草类有大象、河马、犀牛、野牛、斑马、野猪及各种羚羊，灵长目动物有狒狒和猴子等。

● 格雷梅国家公园

格雷梅国家公园位于土耳其中部的安纳托利亚高原上的卡帕多西亚省，处在内夫谢希尔、阿瓦诺斯、于尔居普三座城市之中的一片三角形地带。园内的卡帕多西亚奇石林以壮观的火山岩群、古老的岩穴教堂和洞穴式住房闻名于世。这一地区是由远古时代五座大火山喷发出来的熔岩构成的火山岩高原。由于这里的岩石质地较软，孔隙多，抗风化能力差，山地经过长年的风化和水流侵蚀，形成了许多奇形怪状的石笋、断岩和岩洞。山体上寸草不生，岩石裸露，人们称这里为奇山区。

● 萨加玛塔国家公园

萨加玛塔国家公园位于尼泊尔喜马拉雅山区，首都加德满都东北的索洛昆布地区，坐落在珠穆朗玛峰南坡，是尼泊尔著名的旅游胜地，北部与西藏珠穆朗玛自然保护区接壤，公园占地面积约1113平方千米。公园内分布着三个植被带：由橡树、松树、桦树和杜鹃构成的较低的森林带；以矮小的杜鹃和刺柏丛林为主的高山中间带；高处森林带则是苔藓和地衣的天下。园内地域海拔高度从2850米上升到8848米，形成了从亚热带到寒带，从山谷到高山的各种气候和生态环境，适合多种哺乳动物和植物生长。公园内至今生存着杜松、银桦和麝鹿、雪豹等珍稀植物和动物。

● 庐山国家公园

庐山位于中国江西省北部，北濒长江，东接鄱阳湖。山体总面积302平方千米，南北长、东西窄。全山共90多座山峰，最高峰为大汉阳峰，海拔1474米。群峰间散布有许多壑谷、岩洞、瀑布、溪涧，地形地貌复杂多样。庐山风光以"奇、秀、险、雄"闻名于世，素有"匡庐奇秀甲天下"的美誉，现主要有12个景区、37个景点、230个景物景观。庐山的年平均雾日多达191天，弥漫的云气为庐山平添了许多迷人秀色和神秘色彩。庐山是一座集风景、文化、宗教、教育、政治为一体的千古名山。这里是中国山水诗的摇篮，古往今来，无数文人墨客慕名登临庐山，为其留下4000余首诗词歌赋。

● 拉法山国家公园

拉法山国家公园位于位于中国吉林省蛟河市城北15千米，1995年被批准为国家森林公园。拉法山面积约146平方千米，海拔886.2米，由于是在海拔相对较低的地势而起，构成了雄峻之势。拉法山自古以洞闻名于世，在众多的天然岩洞中较有名的有穿心洞、太和洞、太极洞、通天洞等。72洞各有特色，独具风格。其中穿心洞似一座天然大礼堂，能容纳千余人，东、南、西三面洞口可分别观日出、日落和云海三大奇观。

● 穆鲁山国家公园

穆鲁山国家公园位于婆罗洲岛上马来西亚沙捞越州，因其生物多样性和喀斯特地貌而闻名，世界上大多数喀斯特地貌的研究都在此进行。公园占地约529平方千米，园内包括17个植物园，有维管植物3500多种。公园的棕榈树种类异常丰富，已知的有20属，109种。公园位于2377米高的穆鲁山山麓，已开发的山洞至少达295千米，洞中景观壮丽，并栖息着上百万只蝙蝠。沙捞越洞穴长600米，宽415米，高80米，是已知世界上最大洞穴。

● 考亚国家公园

考亚国家公园位于曼谷东北方约160千米处，成立于1959年，是泰国第一座国家公园。整座公园受到完善的管理，全部山区面积共绵延2168平方千米，其内有流水淙淙，瀑布林立，亚洲象、长臂猿、鹿及老虎等等大量的哺乳动物到处出没。草原上有成群活泼跳跃、色彩缤纷的鸟类。园内还有瞭望塔可以观赏周遭鸟类及野生动物生态和欣赏草原及森林的自然景观。考亚国家公园内目前共发现有318种不同鸟类。

● 孙德尔本斯国家公园

孙德尔本斯国家公园位于孟加拉西部的库林纳地区，是迄今为止几乎未经过任何人工培育的原始森林。公园是一片由许多的小岛组成的面积为3600平方千米的土地，是孟加拉最大的沿海林地。公园有独特的自然环境，树林里栖息着孟加拉虎、梅花鹿、鳄鱼、丛林禽类、野猪、蜥蜴、恒河猴等动物，还有无数美丽的鸟类。公园也是世界上最大的红树森林之一，由恒河三角洲及靠近孟加拉湾的布拉马普特拉河和梅克纳河养育而成。

● 凯奥拉德奥国家公园

凯奥拉德奥国家公园位于印度拉贾斯坦邦东部距阿格拉西部50千米处，占地约29平方千米。公园里主要包含一个内河湿地，园内的土壤主要是定期的洪水冲刷下来的淤泥。公园里生活着364种鸟类，被认为是世界上鸟类品种最珍贵和最丰富的地区之一。这里是濒临灭绝的西伯利亚仙鹤过冬的主要栖息地。

● 科莫多国家公园

科莫多国家公园位于印度尼西亚东努沙登加拉省的西部，是世界著名的科莫多蜥蜴保护区。公园四周环水、风景怡人，由两个主要的大岛，科莫多岛和瑞因克岛及附近无数的小岛组成。公园内的岛屿普遍都是悬崖峭壁，非常凶险，并且仅有很小的海湾及港口。科莫多是一个多山的岛屿，它的最高峰海拔827米，其主要部分位于热带草原气候区，有着成片的棕榈树林和广阔的草地；其一小部分地区位于覆盖着落叶林的热带气候区，有两个小的红树林生物群落点缀在落叶林中；而另外一个主要的岛屿瑞因克岛主要由连绵起伏的山岭组成，其南部是海拔667米的都若山，而北部虽然都是低矮的山岭但却极其险峻。无数的珊瑚礁同样也是公园景色的一部分。

● 乌戎库隆国家公园

乌戎库隆国家公园位于印度尼西亚，坐落于爪哇半岛的西南部，隶属于西爪哇省，包括乌戎库隆半岛和沿海的一些岛屿，公园占地约800平方千米。公园保存着世界上濒临灭绝的爪哇犀牛群，爪哇犀牛群的数量据估计仅为50至60头，属于非常稀少、极其珍贵的罕见物种。公园是现存的爪哇犀牛的唯一栖息地。

● 比亚沃耶扎国家公园

比亚沃耶扎国家公园位于白俄罗斯西部和波兰东部，横跨白俄罗斯共和国和波兰共和国边境，面积约930平方千米。比亚沃耶扎国家森林公园是欧洲仅存的原始森林之一，森林里有1000多种植物，其中有70多种灌木，20多种林木，这里的很多种珍稀植物被认为是自然进化史上的标志性生物。园内还有各式各样的哺乳动物、爬行动物、两栖动物和各式的鸟类。欧洲野牛是比亚沃耶扎国家公园的标志，森林中栖息着几百头野牛，聚集群落有大有小。一头成年雄性野牛的重量可达900千克，肩高可达1.8米。

● 加拉霍艾国家公园

加拉霍艾国家公园位于西班牙加纳利群岛中的戈梅拉岛，面积约40平方千米，占据了其中央最高的地方。包括海拔1484千米的加拉霍艾峰和小片公园。园内阔叶林下生长着藤蔓类、羊齿类、苔藓类及地衣类植物，以月桂最多。最珍贵的是第三纪遗留下来的月桂树，这种树在其他地方已经绝迹。公园内动物不多，只有少数鸟类。桂冠鸽和长趾鸽是公园特有的两种野鸽子，栖居在月桂林中。与脊椎动物群系相反，无脊椎动物的种类要丰富得多，而且还有一些属于珍稀物种。大约有50%的无脊椎动物都是本地所特有的。

● 杜米托尔国家公园

杜米托尔国家公园位于塞尔维亚和黑山共和国西北部，面积约350平方千米，包括杜米托尔峰和塔拉河峡谷。杜米托尔是一座天然公园，它由冰河形成，分地上地下河。沿塔拉河峡谷行走，可以看到欧洲最深的峡谷，在浓密的松林中点缀着清澈的湖水，隐藏着大面积的特色植物。杜米托尔峰久受冰川雕琢，呈现出奇异的自然美景。峡谷、岩洞等构成一派典型的绚丽的喀斯特风光。这里辟有一个规模宏大的植物保护区，生物繁多，生长茂盛。塔拉河峡谷的黑松林是欧洲最后几处原始黑松林之一。覆盖山坡的森林中有珍禽异兽出没。1980年，杜米托尔国家公园被列为世界遗产。

● 科里国家公园

科里国家公园位于芬兰约恩苏以北70千米，公园面积约30平方千米，其境内山丘、湖泊遍布，是典型的卡累利阿风光。公园里的主要树种为云杉、节松和桦树。公园被誉为芬兰国家级风光，公园山明水秀，景色宜人，甚具灵气，因此以前一直被人认为是神的住所，很多祈求丰收平安，风调雨顺的祭祀都在此举行。

● 贝希特斯加登国家公园

贝希特斯加登国家公园位于德国东南部的巴伐利亚州，是贝希特斯加登地区阿尔卑斯山区景色秀丽迷人的一段，这里保留了原始的自然风貌，没有受到人为的影响。构成迷人高山景观的岩石主要是白垩沉积岩。园内均为天然景观，其中包括湖水清澈翠绿的国王湖和德国的第二高峰瓦茨曼山。园内栖息着多种阿尔卑斯山动物，如北山羊、土拨鼠、山雕、雪兔和高山蝾螈以及日渐珍稀、难得一见的金雕。植物也丰富多样，如龙嘴花、报春花和矮杜鹃花等。公园是德国境内阿尔卑斯山地区最早的保护区之一。

● 下奥得河河谷国家公园

下奥得河河谷国家公园是德国第一个河谷低地国家公园，地处奥得河的德国、波兰两国河岸。在河谷低地60千米的沿途有奥得河斜坡和鲜花遍野的干草地。公园是许多种动物的栖息地，除了受到保护的特种鸟类如白尾海雕、黑鹳和水栖苇莺之外，还有珍稀海狸在"筑造堤坝"。此外，这里还生活着40多种鱼类和50种哺乳动物，它们构成了一个庞大的动物王国。公园还是许多鸟类的栖息和越冬的地点，可以看到

13000多只鹤鸟飞向位于奥得河谷栖息处的奇特景观。

● 海尼希国家公园

海尼希国家公园位于德国图林根州的西部，坐落在巴特朗恩萨尔扎浴场和埃森纳赫市瓦尔特堡之间。这里生长的植物主要是山毛榉。公园有欧洲最大的成片阔叶混合林保护区，即"德国中部的原始森林"。大片的森林中，林木种类繁多、结构丰富、腐木比例很大，这些腐木是众多生物如蘑菇、青苔、地衣和昆虫生长或生活的理想家园。由于海尼希国家公园几乎很少受到人类的影响，因此还拥有大量的生物。园内还有如野猫、黑鹳以及受保护的多种蝙蝠等珍稀动物。

自然奇景篇

地球是人类赖以生存的星球，一块古老而充满生机、美丽而神秘的土地。由于地理纬度、海陆分布和地形等地带性和非地带性原因的影响，地球产生了许多奇特的、令人叹为观止的自然奇景。

● 拉普兰地区

拉普兰地区位于斯勘的纳维亚半岛北部的北极圈内，包括芬兰、瑞典及挪威等地的北极圈以北的地区。特殊的地理位置和严酷的条件令这片人烟稀少的地区至今仍保留着神奇而迷人的色彩，清新的空气、纯净的旷野、质朴的民俗，使这里成为世界上公认的为数不多的未被污染和破坏的土地。漆黑漫长的北极之夜被称为"卡莫斯"，意为黑暗时期。在拉普兰大部分地区，卡莫斯曾不完全是一片漆黑。中午前后，南方的地平线上会出现一片明亮的彩光。天际边，时常可以看到五彩缤纷的北极光。

● 巨人之路

在英国北爱尔兰安特里姆平原边缘，沿着海南在玄武岩悬崖的山脚下，大约有4万多根六边形或五边形、四边形的石柱组成的贾恩茨考斯韦角从大海中伸出来，从峭壁伸至海面，屹立在大海之滨，被称为巨人之路。巨人之路海岸包括低潮区、峭壁以及通向峭壁顶端的道路和一块高地。峭壁平均高度为100米。这4万多根大小均匀的玄武岩石柱聚集成一条绵延数千米的堤道，形状很规则，看起来好像是人工凿成的。大量的玄武岩石柱排列在一起，形成壮观的玄武岩石柱林。它们以井然有序、美轮美奂的造型，磅礴的气势令人叹为观止。1986年被联合国教科文组织评为世界自然遗产。

● 盖锡尔与斯特罗柯间歇泉

盖锡尔与斯特罗柯间歇泉位于冰岛首都雷克亚未克周围的平原上。这个地区是一个喷泉区，约有50个间歇泉，到处冒出灼热的泉水，热气弥漫，如烟如雾。1294年，一场地震摧毁了这里的几处间歇泉，但盖锡尔与斯特罗柯间歇泉却应运而生。盖锡尔间歇泉最为著名，其最高喷水高度居冰岛所有喷泉和间歇泉之冠，也因此称为世界著名的间歇泉之一。

● 瓦特纳冰川

瓦特纳冰川在冰岛东南部，排名世界第三，是欧洲最大的冰川。冰川面积约8400平方千米，相当于该国面积的1/12，仅次于南极冰川和格陵兰冰川。冰川海拔约1500米，冰层平均厚度超过900米，部分冰层的厚度甚至超过1000米。瓦特纳冰川不静止的特性成为冰岛的典型风光。目前，瓦特纳冰川以每年800米的速度流入较温暖的山谷中。令人感到奇特的是，在瓦特纳冰川地区还分布着熔岩、火山口和热湖。冰岛也因此被人们称为"冰与火之地"。

● 昆士兰湿热地区

昆士兰湿热地区位于澳大利亚的最东北端，绝大部分地区由潮湿森林组成。这里的环境特别适合于不同种类的植物、袋鼠以及鸟类生存，同时给那些稀有的濒危动植物也提供了良好的生存条件。昆士兰湿热地区是少有的几个满足所有四个世界遗产名录条件的地区之一，它展现了地球上生物进化历史过程的主要阶段，是一个突出表现正在进行的生态与生物进程的实例，包含最高级的自然现象，是最重要的保有自然生物多样性的生物栖息地。

● 波浪岩

波浪岩位于澳大利亚西部谷物生长区边缘的海登城附近，是世界第八大奇观，这大岩石并非一个独立的岩石，而是连接北边100米的海登石及状似河马张口的荷马岩、骆驼岩等串连而成的风化岩石。波浪岩属于海登岩北部最奇特的一部分，高达15米，长约110米，高低起伏的自然，就像一片席卷而来的大海中的波涛巨浪，相当壮观。

● 罗托鲁阿—陶波地热区

罗托鲁阿—陶波地热区位于太平洋西南部的新西兰。新西兰全境多山，地热资源丰富。在北岛的中部，有一条长约250千米，宽约50千米的狭长地带。它南起北岛中部最高点鲁阿佩胡火山，向东北经陶波区直抵东海岸普伦提湾的白岛，这就是新西兰著名的风景区——罗托鲁阿–陶波地热区。它是世界三大地热区之一，也是新西兰四大地热区之一。

● 骷髅海岸

骷髅海岸是世界上为数不多的最为干旱的沙漠之一。这条海岸绵延在古老的纳米比亚沙漠和大西洋冷水域之间，长500千米。骷髅海岸充满危险，有交错水流、8级大风、令人毛骨悚然的雾海和深海里参差不齐的暗礁，令来往船只经常失事。时日至今，过去失事而破裂的船只残骸，依然杂乱无章地散落在海岸上。在这里，由海市蜃楼现象所形成的赭色沙丘则是世界上最为独特的景色之一，只有羚羊、沙漠象才能踏入这一禁区。

● 鲸鱼峡谷

鲸鱼峡谷位于埃及西部沙漠，有珍贵的鲸化石，这种鲸类属于最古老的、现已绝迹的古鲸亚目。这些化石反映了主要的进化历程之一：鲸由早期的陆生动物进化为海洋哺乳动物。这是世界上反映这一进化阶段的最重要遗迹，生动地展示了这些鲸在进化过程中的生命形态。化石的数量、集中程度以及质量可谓首屈一指，所处的环境风景迷人，受到良好保护，可以接近。鲸鱼峡谷的化石展现了鲸后鳍退化最后阶段的原始状态。这些鲸鱼尽管在头骨和牙齿结构方面仍保持了原始面貌，但已显示了现代鲸典型的流线型身体形态。加上该遗址的其他化石材料，使人们完全可能重建当时的环境和生态。

● 埃托河盐沼

埃托河盐沼位于纳米比亚北部，面积约4800平方千米，海拔

1030米，是非洲最大的盐沼，当地人称之为"幻影之湖"或"干涸之地"。雨季来临，使这里的动物开始了大规模的迁徙。数以万计的斑马和牛羚离开冬天的栖息地，从位于盐沼东北面的安多尼平原蜂拥而至。

● 桌山

桌山位于南非的首都开普敦附近，是一座顶部平坦的沙岩山。桌山主峰海拔1082米，大约形成于志留纪或奥陶纪。山顶平展恰似一个巨大的桌面，由于地处两洋交汇的特殊地理位置，加上地中海的奇特气候环境，山顶终年云雾缭绕，充满神奇莫测的气氛，有时云雾也会偶然散去，但这样的日子一年中屈指可数，而且每次也就持续数个小时。由于其顶部异常平坦且可以俯瞰开普敦半岛，因此桌山成为了南非的一个著名的旅游景点。

● 西伯利亚冻原

西伯利亚冻原是一片广阔的大平原，湖泊和沼泽星罗棋布，大部分地区长满了苔藓。这片冻原位于西伯利亚北部，沿北极冰盖边缘延绵3200千米，属于欧亚大陆最北部泰米尔半岛的典型景色。冻原的大部分下层土都是永久土，最厚的冻土层深达1310米。冬季，所有土壤都变成硬的冻土；夏季，最上层的土壤化成薄薄的湿土，使植物能在此扎根、生长。泰米尔半岛有许多地方是龟裂冻原，是一种由垄埂把沼泽和小湖割成不规则蜂窝状的特殊地貌。是由于冰冻和解冻不断循环造成地面开裂形成的。在裂缝中逐渐形成的冰楔产生强大压力，使地面凸起成垄，而解冻的泥土和融化的冰则随之沿坡而下聚成湖沼。

● 帕木克堡

土耳其西部帕木克堡白色的梯形阶地，如同扇贝似的层层叠起，绒毛状的白色梯壁和钟乳石梯形阶地上有许多水池。这些富含矿物质的温泉水一直被认为具有治病的神奇功效。千百年来，富含矿物质的温泉一直享有能治病的美誉。帕木克堡之名意为"棉垛城堡"。石头倒映于清澈的池水之中，就像结冰的瀑布；细长的石柱夹杂着夹竹桃的红花，在长满松林的山峰及灿烂的阳光衬托下，分外夺目。

● 下龙湾

下龙湾位于越南北部湾西部，面积约1553平方千米，包含约3000个岩石岛屿和土岛，典型的形式为伸出海面的锯齿状石灰岩柱，还有一些洞穴和洞窟，共同形成一幅异国风味的如画景致。水域和热带森林中可见各种不同的海生及陆生哺乳动物、鳄、鱼类和鸟类。1994年联合国教科文组织将下龙湾作为自然遗产，列入《世界遗产名录》。

● 三色湖

三色湖位于中国西藏昌都地区的边坝县边坝镇境内。三湖相距皆不远，同为一个湖群，却分为三种色彩。白湖，湖色灰白，绿树倒映湖面；黑湖，三湖中面积最大，远看似墨，深不可测；黄湖，三湖中面积最小，阳光下，水色金黄，湖土同色。三色湖群绿树环抱，皆有飞瀑直入湖中，奇在飞瀑虽清，但入湖则变色。黑湖有溪与白湖相连，但黑湖之水入白湖则由黑变白，令人称奇。

● 鸣沙山月牙泉

鸣沙山月牙泉位于甘肃省河西走廊西端的敦煌市。鸣沙山东西绵亘约40千米，南北宽约20千米，主峰海拔1715米，沙垄相衔，盘桓回环。月牙泉处于鸣沙山环抱之中，南北长近100米，东西宽约25米，泉水东深西浅，最深处约5米，弯曲如新月，因而得名，有"沙漠第一泉"之称。古往今来以"山泉共处，沙水共生"的奇妙景观著称于世。

● 张家界

张家界位于中国云贵高原东北部与湘西北中低山区过渡地带的武陵山脉之中，海拔300至1300米，面积约398平方千米。地貌构造复杂，主要有山地、岩溶、丘陵、岗地和平原等，山地面积占总面积的76%，其中最具特色的是石英沙岩峰林地貌，为世界罕见。

● 黄　山

黄山位于中国安徽省南部，以生长在花岗岩上的奇松和浮现在云海中的怪石而著称。黄山山体主要由燕山期花岗岩构成，垂直节理发育，侵蚀切割强烈，断裂和裂隙纵横交错，长期受水溶蚀，形成瑰丽多姿的花岗岩洞穴与孔道，使之重岭峡谷，关口处处。奇松、怪石、云海、温泉合称黄山"四绝"，名冠于世。1990年12月被联合国教科文组织列入《世界文化与自然遗产名录》，是中国第一个同时作为文化、自然双重遗产列入名录的。生态保护完好，动植物众多。

◉ 乐业天坑群

乐业天坑群位于中国广西壮族自治区百色地区乐业县，占地约20平方千米。天坑是一种世界罕见的地质奇观，初步已发现有大石围、白洞、风岩洞、穿洞等20多个天坑。"天坑"四周皆被刀削似的悬崖绝壁所围，形成一个巨大的竖井，底部是人类从未涉足过的大片原始森林，并有地下河相通。森林中有大量珍贵的动植物品种。乐业天坑群其地下原始森林面积为世界第一，深度位居世界第二，容积居世界第三，具有极高的科研价值。

◉ 云台山

云台山位于中国河南省焦作市东北40千米的修武县境内。云台山属太行山系，是豫北的名山。因山势险峻，主峰孤峦秀蠹，形似一口巨锅，兀覆在群峰之上，山间常年云雾缭绕，因此得名云台山。云台山以山称奇，整个景区奇峰秀岭连绵不断，主峰茱萸峰海拔1308米，踏千阶的云梯栈道才可登上茱萸峰顶。云台山满山覆盖的原始森林，深邃幽静的沟谷溪潭，千姿百态的飞瀑流泉，如诗如画的奇峰异石，形成了云台山独特完美的自然景观。

◉ 长白山天池

长白山天池位于中国吉林省东南部，是中国和朝鲜的界湖，是中国松花江、图们江、鸭绿江三江之源。整个湖面呈椭圆形，像一块碧蓝的宝石镶嵌在群峰之中。天池南北长4.8千米，东西宽3.3千米，周长为13.1千米，平均水深204米，最深处为373米，是中国最深的湖泊。因为它所处的位置高，水面海拔达2194米，所以被称为"天池"。

◉ 稻城-亚丁自然保护区

稻城—亚丁自然保护区位于中国四川省甘孜藏族自治州的西南方，地处青藏高原东部横断山脉中段。保护区保存了以冰峰雪岭、冰川宽谷、原始森林和高原草甸为主的极高山自然生态系统。更主要是保护其丰富的动植物资源，复杂多样的生物基因，罕见的自然景观及其赖以存在的极高山自然生态系统。保护区内众峰绕拱，巨大的高差及大面积的高原温泉，使该区内气候温湿，水清峰茂，物种丰富，形成了该区独特的生物、水文、气象等景观。

● 海螺沟

海螺沟位于中国四川省甘孜藏族自治州东南部，是发源于贡嘎山主峰东坡的一条冰融河谷，以低海拔现代冰川、大冰瀑布和温泉著称。海螺沟冰川长15千米左右，尾端伸入海拔2850米的原始森林区，是地球上同纬度海拔最低的一条现代冰川。海螺沟6000米以上的落差，形成了自然界独特的7个植被带、7个土壤带，荟萃了中国大多数的植物种类。海螺沟呈垂直分布的植被与冰川、温泉、原始森林共生，世所罕见。

● 九寨沟

九寨沟位于中国四川省北部阿坝藏族羌族自治州九寨沟县境内，地处岷山山脉南段尕尔纳峰北麓。九寨沟是一条纵深40余千米的山沟谷地，为长江水系嘉陵江源头的一条支沟，海拔2000至4300米，总面积约620平方千米，大约有52%的面积被茂密的原始森林所覆盖。九寨沟的地下水富含大量的碳酸钙质，湖底、湖堤、湖畔水边均可见乳白色碳酸钙形成的结晶体；而来自雪山、森林的活水泉又异常洁净，加之梯形状的湖泊层层过滤，其水色愈加透明，能见度高达20米。

● 雅砻江流域

雅砻江流域位于中国青藏高原南部，东西宽100至200千米，南北长900余千米，形状狭长，流域面积约13万平方千米，在四川境内的部分是11.63万平方千米。流域内地势北、东、西三面是海拔4500至5500米的高山及高原，南面是海拔1000至1500米的峡谷，按地貌特征划分，甘孜以上可称上游、甘孜至大河湾为中游、大河湾以下为下游。雅砻江流域内地形异常复杂，上游地面为波状起伏的浑圆山上及缓坡，河谷多为草原宽谷。江水较为平缓清澈见底，在阳光照耀下，泛出五彩光斑。雅砻江流域特殊的地理环境和奇特的气候条件，形成雅砻江丰富的自然资源。其中以水能、生物、矿产三大资源为最著称。

● 阿里地区

阿里地区位于中国西藏自治区的西部，地处青藏高原主体的最高部，平均海拔4500米以上，面积约31平方千米，占西藏全境1/4。阿里地区是喜马拉雅山脉、冈底斯山脉、喀喇昆仑山脉和昆仑山脉相聚的地方，被称为"万山之祖"。这里又是境内外几条著名江河的发源地，因此又称为"百川之源"。地区内海拔6714米的岗仁波齐峰，山形如橄榄，直插云霄，终年积雪的峰顶如七彩圆冠，在阳光照耀下闪耀着奇异的光芒，山身如水晶砌成，宛如玉镶冰雕，被人们称为"神山"。

● 乌尔禾魔鬼城

乌尔禾魔鬼城位于中国新疆维吾尔自治区准噶尔盆地西北边缘的佳木斯河下游的乌尔禾矿区。其神奇的地貌是在间歇洪流冲刷和强劲风力吹蚀的共同作用下形成的。远眺乌尔禾魔鬼城，犹如中世纪的一座座城堡，大小城堡林立，高低参差错落，给人以苍凉恐怖之感。白天的魔鬼城，阳光灿烂，在阳光照射下一片平和宁静，有一种旷世的美丽。当夜幕降临，狂风大作，飞沙走石，怪异而凄厉的风声更增添了阴森恐怖的气氛。魔鬼城一带，还蕴藏着丰富的天然沥青和深层地下石油。

● 天山天池

天山天池位于中国新疆维吾尔自治区阜康市城南西博格达峰的群山之中，海拔1980米，长3400米，最宽处约1500米，最深处达105米。天山天池是古代冰川泥石流堵塞河道形成的高山湖泊，湖水清澈碧透，四周群山环抱，湖滨绿草如茵，有云杉、塔松，以及雪莲、雪鸡等野生动植物。天池东南面是博格达主峰，海拔5445米，主峰左右又有两峰相连，三峰并起，突兀插云，峰顶的冰川积雪，闪烁着皑皑银光，与天池澄碧的湖水相映成趣，构成了高山平湖绰约多姿的自然景观。

● 五彩湾

五彩湾位于中国新疆维吾尔自治区吉木萨尔县城北，以怪异、神秘、壮美而著称。由于地壳运动，在这里形成了极厚的煤层，后几经沧桑，覆盖地表的河石被风雨剥蚀，使煤层暴露，在雷电和阳光的作用下，裸露在外的煤层发生剧烈的燃烧，得燃烧殆尽之后，再经过亿万年的风蚀雨剥，就形成了现在光怪陆离的自然景观。由于烧结岩堆积，加之各地质时期矿物质成分含量不同，致使这一带连绵的山丘呈现出赭红为主，夹杂着黄、白、黑、绿等多种色彩。

● 玉龙雪山

玉龙雪山位于中国云南省西部，为云岭山脉中最高的一列山地，由13座山峰组成，海拔均在5000米以上，南北长35千米，东西宽约20千米，群峰南北纵列，山顶终年积雪，山腰常用云雾，远远望去，宛如一条玉龙腾空，玉龙雪山因此得名。景区包括整个玉龙雪山及其东侧的部分区域，以高山冰雪风光、高原草甸风光、原始森林风光、雪山水域风光使世人惊叹。

● 石　林

石林位于中国云南省彝族自治县。经漫长地质演化和复杂的古地理环境变迁才形成了现今极为珍贵的地质遗迹。石林面积广，岩柱高，小尺度造型见长，一定范围内集中，具有世界上最奇特的喀斯特地貌景观，以形成历史久远、类型齐全、规模宏大、发育完整，被誉为"天下第一奇观""造型地貌天然博物馆"，在世界地学界享有盛誉。

● 元谋土林

元谋土林分布在中国云南省元谋县西部和西北部的白草岭山脉余脉以及蜻蛉河、勐冈河、班果河沿岸，总面积约43平方千米。元谋土林以虎跳滩、班果、新华等地区分布集中，保存完好，面积较大。土林是沙、土、砾石堆积物在干热气候条件下，经过大自然的加工改造而逐步形成。由于土林的沙砾中含有多种矿物质，使土林呈现出粉红、浅绿、橘黄、玫瑰红等色泽，随光照角度变化，色彩也变幻无穷。

● 野牛跳崖处

野牛跳崖处位于加拿大艾伯塔省麦克雪奥德堡西北18千米处，坐落于落基山脉山麓，悬崖伸延约300米，最高点离崖底约10米，是一个原住民为狩猎野牛专用的野牛跳崖。跳崖已经使用超过5500年，崖底的野牛骸骨有10米之深。它是联合国教育科学文化组织所挑选的世界遗产之一，也是一个以北美原住民文化为主题的博物馆。

● 巴德兰兹劣地

巴德兰兹劣地地跨美国南达科他州西南及内布拉斯加州西北，景观颇为荒凉，气候炎热。巴德兰兹劣地是由刀锋般的山脊、深沟、狭窄的平顶山以及一望无垠的沙漠组成。长160千米、宽80千米的断裂土地，夏天酷热难当，偶有倾盆大雨；冬季则寒冷彻骨。但劣地并非寸草不生，在岩坡上有一些刺柏攀附着，小溪旁与盆地中也有顽强的白杨和野花。地表下埋藏着大量的生物化石。

● 死 谷

死谷是一条贯穿美国加利福尼亚州东南部的深沙漠槽沟，是北美洲最低、最干燥、最炎热的地区，长225千米，宽8至24千米。阿马戈萨河从南部流入，包括巴德瓦特小池，这里最低处低于海平面86米。由于独特的气候和地理环境，死谷生命极为稀少，地表的原始风貌形态，毫无遮掩地完美展露在眼前，属于荒漠景观。1944年开辟为国家公园。

● 猛犸洞

猛犸洞位于美国肯塔基州中部的猛犸洞国家公园，猛犸洞以古时候长毛巨象猛犸命名，洞穴截至2006年，已探出的长度近600千米，至今仍在探索。猛犸洞是几百万年以前水流经过灰岩沉积区时，溶蚀岩石形成的底下暗河通道。日久年深，由于水位下降，留下了这些狭窄的水平通道、宽广的洞室和联系这个巨大迷宫的垂直通道。最底下的通道现在仍然在水流的作用下不断扩大。水渗入洞穴形成的石钟乳、石笋和石膏晶体装点着洞室和通道。猛犸洞是世界上年代最为古老、同时也最为著名的洞穴群之一。

● 伯利兹珊瑚礁保护区

伯利兹珊瑚礁保护区位于伯利兹以东的加勒比海上，是北半球最大的珊瑚礁群。1996年联合国教科文组织将伯利兹珊瑚礁保护区作为自然遗产，列入《世界遗产名录》。在冰河时期，伯利兹海底形成了许多巨大的空洞，随着时间的推移，洞顶坍塌，形成了深过百米的蓝洞。伯利兹珊瑚礁保护区所在的加勒比海地处热带海域，海水清澈见底，湛蓝一片，平均水温在20℃以上，十分有利于珊瑚虫的生长。伯利兹珊瑚保护区还生活着许多珍稀动物，包括海龟、海牛和美洲鳄。

● 卡尔斯巴德洞窟

卡尔斯巴德洞窟位于美国西部的新墨西哥州，面积约189平方千米，公园包括83个独立的洞穴。这是一个神奇的洞穴世界，以丰富多样而美丽的矿物质而著称。特别是龙舌兰洞穴，构成了一个地下的实验室，在这里可以研究地质变迁的真实过程。卡尔斯巴德洞穴形成于二叠纪。雨水渗入瓜达卢佩山石灰岩山体的裂缝，溶解了松软的岩石，刻凿出隧洞和洞穴，留下的矿物质形成了各种造型。1995年联合国教科文组织将卡尔斯巴德洞窟国家公园作为自然遗产，列入《世界文化遗产名录》。

● 南极洲干谷

南极洲干谷位于麦克默多海峡西部的维多利亚地，南极洲绝大部分土地为冰雪覆盖，在这一望无际的雪原中，有一个神奇的无冰雪地带，它是3个巨大的盆地，四壁陡峭，由已消失的冰川切割而成，这就是干谷。在干谷，很少下雪，年降雪量只相当于25毫米的雨量。这么少量的雪不是被风吹走，就是被岩石吸收的太阳热量融掉了。因此，干谷内没有半片雪花，和四周形成强烈的对比。

● 罗斯冰架

罗斯冰架是一个巨大的三角形冰筏，位于南极的爱德华七世半岛和罗斯岛之间，东西长约800千米，南北最宽约为970千米，冰架靠海边缘高60米，接近陆地的边缘，最厚有750米，冰架面积约52万平方千米，差不多等于一个法国那么大，四周冰壁陡峭，是世界上最大的冰架。

文明奇迹篇

　　人类的历史是一部文明的发展史，在漫长的发展过程中，各地区各时代人类用非凡的智慧创造了灿烂的文明，一座座文明的奇迹让人惊叹不已，同时也留下了许多令人费解的谜团。这些古老的秘密，有的已经被揭开了神秘的面纱，有的正在被揭开，有的还有待于我们进一步去探索。

● 雅典卫城

　　雅典卫城位于希腊首都雅典市中心一座高150米的山丘上，建于公元前8世纪，是一座地势险要的古城堡，既是战争时期的要塞，又是祭天供神之地。雅典卫城由帕特农神庙、埃雷赫修神庙、雅典娜胜利神庙和卫城山门等建筑组成。这些建筑几乎全部用洁白的大理石建成。这里集中了许多古希腊最著名的建筑，荟萃了代表古希腊文明的最杰出作品，雅典卫城达到了古希腊圣地建筑群、庙宇、柱式和雕刻的最高水平。这些古建筑无可非议的堪称人类遗产和建筑精品，在建筑学史上具有重要地位。

● 德尔斐

　　德尔斐是希腊古城，位于科林斯湾北岸福基斯的帕尔纳苏斯山南麓，因居住在这一地区的德尔斐族人而得名。这里是古希腊时期供奉太阳神阿波罗的圣地，在希腊人的心中，这里是全世界的中心，享有极为崇高的地位。

● 阿尔塔米拉洞窟

　　阿尔塔米拉洞窟位于西班牙坎塔布利亚自治区的桑蒂利亚纳·德耳马尔附近。这些岩洞在距今11000至17000年前已有人居住，一直延续至欧洲旧石器文化时期，是史前人类活动遗址。1985年该洞窟被列入《世界遗产名录》。阿尔塔米拉洞窟包括主洞和侧洞，绘画大多分布在侧洞，即有名的"公牛大厅"。侧洞长18米、宽9米，顶部密布着18头野牛、3头母鹿、两匹马和1只狼。野牛有卧、站、蜷曲、挣扎等各种姿势。最突出的是长达2米的"受伤的野牛"。它刻画了野牛在受伤之后的蜷缩，准确有力地表现了动物的结构和动态。

● 阿尔塔岩画

阿尔塔岩画位于挪威北部北极边缘的马克郡，分布在5千米长的临海斜坡上，于公元前4200年至前500年雕刻的这些挪威宗教岩画及雕刻散布于7个地区45处。内容十分丰富，有人物、动物、几何图形等，还有许多狩猎的场面。这些图画都有一定的象征意义，如鱼象征渔业发达，人的形象则被认为是消灭敌人的咒符。1985年，阿尔塔岩画被联合国教科文组织列入《世界遗产名录》。

● 巨石阵

巨石阵位于英国南部威尔特郡索尔兹伯里平原，约建于公元前4000至2000年，属新石器时代末期至青铜时代，是欧洲著名的史前时代文化神庙遗址。巨石阵主体由几十块巨大的石柱组成，这些石柱排成几个完整的同心圆，最高的石柱高达10米，不少横架在两根竖直的石柱上。巨石阵不仅在建筑学史上具有的重要地位，在天文学上也同样有着重大的意义，它的主轴线、通往石柱的古道和夏至日早晨初升的太阳，在同一条线上。另外，其中还有两块石头的连线指向冬至日落的方向。因此，人们猜测，这很可能是远古人类为观测天象而建造的，可以算是天文台最早的雏形了。

● 马耳他巨石庙

马耳他巨石庙位于地中海中部马耳他群岛，建于5500年以前，是世界上最老的不需支撑的石头结构。这些岩石结构堪称巨石文化中最为复杂、结构最为奇特的古代岩石建筑，属于纯粹的土著文化。最初，这些建筑物被用作葬礼仪式举办之地，但后来，人们在此建立了专门进行朝圣的地方。

● 哈德良长城

哈德良长城位于英国的不列颠岛上，是有名的古长城遗迹。哈德良长城从东海岸泰恩河口，至西海岸的索尔韦湾，横贯不列颠岛的颈部，全长117千米。是罗马帝国在占领不列颠时修建的，从建成后到弃守，它一直是罗马帝国的西北边界。

● 卡纳克石阵

卡纳克石阵位于法国西部布列塔尼的松林和石南荒原中的卡纳克郊外，主要由勒梅尼克、克马里奥和克勒斯冈等3000多块史前竖立起的石条组成，在长达8千米的范围内到处是林立的巨石。穿行于庄稼、树林和农舍之中，石头的竖立井然有序。经考证，石阵大约是从公元前4300年到公元前1500年，分期竖立的。被称作"比金字塔更神秘"的石柱群。

● 加尔桥

加尔桥位于法国普罗旺斯地区尼姆城的东北部，是一座三层的石头拱形桥。长269米，高49米。它是古罗马帝国时期修建的高空引水渡槽。加尔桥跨越那尔河，将水引至尼姆，再分至公共澡堂、喷泉和私人住宅。它曾为罗马人类文明和卫生的生活条件做出了重要贡献。

● 庞　贝

庞贝位于意大利西南沿海坎帕尼亚地区的一座古城，出土后的庞贝城东西长1200米，南北宽700米，城内面积约1.8平方千米。庞贝历史悠久，公元前1世纪时维苏威火山喷发的一瞬间被火山灰埋在了地下，却因此而保留了大量古罗马帝国的建筑遗迹和艺术文物，成为世界上最为著名的古城遗址。

● 罗马竞技场

罗马竞技场位于意大利首都罗马市中心，是世界八大奇迹之一。从外观上看，它成正圆形；俯瞰时，它是椭圆形的。占地面积约2万平方米，大直径为188米，小直径为156米，圆周长527米，围墙高57米，这座庞大的建筑可以容纳近9万人数的观众。围墙共分四层，前三层均有柱式装饰，依次为多立克柱式、爱奥尼柱式、科林斯柱式。罗马竞技场以宏伟、独特的造型闻名于世。

● 比萨斜塔

比萨斜塔位于意大利托斯卡纳省比萨城北面的奇迹广场上，是比萨大教堂的钟楼。因地基沉陷而偏离垂直中心线5.2米，长时期斜而不倾，被认为是世界建筑史上的奇迹和不朽之作。比萨斜塔高54.5米，直径16米，重约1.4万吨。斜塔共有8层，除底层和顶层有所不同外，其余6层结构完全一样。斜塔底层有15根圆柱，中间六层各有31根圆柱，顶层12根。沿石柱有宽4米的环行走道。斜塔每层都有拱门，总共有213个，斜塔底层墙壁上刻有浮雕，顶层有钟亭。塔内有螺旋台阶294级，供游人登塔，远眺全城风光。

● 伦敦塔

伦敦塔位于泰晤士河北岸的塔山上，占地约7万平方米，由城堡、炮台和箭楼等组成的庞大建筑群，建于1078年，当时是外族征服者威廉建造的一个军事城堡，中心塔是高约27米的白塔，周围有13座塔。伦敦塔在英国王宫中的意义非常重大，作为一个防卫森严的堡垒和宫殿，英国数代国王都在此居住，国王加冕前往伦敦塔便成了一种惯例。伦敦塔还是一座著名的监狱，英国历史上不少王公贵族和政界名人都曾被关押在这里。伦敦塔现已成为对外开放的博物馆。

● 乌尔内斯木板教堂

乌尔内斯木板教堂位于挪威松恩–菲尤拉讷郡卢斯特自治市的卢斯特拉弗约登附近的奥尔内斯农场。木材测年法显示教堂建于1130年左右。乌尔内斯的教堂在原地曾被多次重建，现在能看到的是第三个。现存的教堂中有一些属于老教堂的部分，年代测定发现最早的是在11世纪。这座教堂被认为是同种教堂中最为古老的，它连接了维京时代大量运用动物装饰的建筑艺术，以及被称为"乌尔内斯式"动物造型和基督教建筑艺术。

● 里拉修道院

里拉修道院位于保加利亚首都索非亚以南约60千米处。1983年联合国教科文组织将里拉修道院作为文化遗产，列入《世界遗产名录》。占地0.088平方千米，是保加利亚最大的修道院，它始建于公元10世纪。修道院格局严谨，很像中世纪的城堡。修道院原先建在保加利亚第一位圣徒里奥斯基居住过的山洞附近，13世纪至14世纪迁至现址。公元14世纪初期，里拉修道院毁于地震。后来修道院得到重建，并修筑了坚固的城堡。里拉修道院被认为是保加利亚人民的"精神的堡垒"和民族文化的象征。

● 亚眠大教堂

亚眠大教堂位于法国皮卡第地区中心，是13世纪最大的古典哥特式教堂之一。大教堂总面积达7760平方米，中世纪时，它可以容纳全城的百姓，还绰绰有余。东西长145米，相当于一个半足球场的长度，它包含中厅及两边平行的侧廊，其中的袖廊或者叫十字厅，长70米，其整个平面土上呈拉丁十字状。大教堂外观为尖形的哥特式结构。墙壁几乎为每扇12米高的彩色玻璃覆盖，体现了建筑发展的新观念。

● 圣米歇尔山

圣米歇尔山是法国著名古迹和基督教圣地，位于芒什省的小岛上，距海岸2千米。小岛呈圆锥形，周长900米，由耸立的花岗石构成。海拔88米，经常被大片沙岸包围，仅涨潮时才成为岛。古时这里是凯尔特人祭神的地方。

● 克里姆林宫

克里姆林宫位于俄罗斯涅格林纳河和莫斯科河汇合处的鲍罗维茨丘陵上。面积27.5万平方米，南临莫斯科河，西北依亚历山德罗夫花园，东南界红场，呈不等边三角形。克里姆林宫曾是历代沙皇的宫殿、莫斯科最古老的建筑群，也是世界闻名的建筑群，享有"世界第八奇景"的美誉。

● 尚博尔城堡

尚博尔城堡位于法国中部卢瓦尔歇尔省的尚博尔市，是法国文艺复兴时期的旷世杰作。城堡是中世纪传统建筑模式和古典意大利式风格的完美结合，它的下部结构非常朴素，是长156米、宽117米的长方形堡垒；但其上部却突兀挺立出许多圆锥形塔尖，组成了最具特色的哥特式艺术气息。下部的简朴和上部的华美很好地融合，使建筑整体看起来浑圆有致。1981年列入《世界遗产名录》。

● 科隆大教堂

科隆大教堂位于德国的北莱茵威斯特清伦州，是世界上最完美的哥特式建筑。教堂中央是两座与门墙连砌在一起的双尖塔，高161米，是全欧洲最高的尖塔，四周林立着无数座的小尖塔与双尖塔相呼应。教堂内有10座礼拜堂，中央大礼拜堂穹顶高43米，中厅部跨度为15.5米，是目前尚存的最高的中厅。教堂的钟楼上有重2.4吨的圣彼得钟，被誉为"欧洲中世纪建筑艺术的精粹"。1996年联合国教科文组织将科隆大教堂作为文化遗产，列入《世界遗产名录》。

● 曼代奥拉修道院

曼代奥拉修道院位于希腊的特里卡拉色州。1988年联合国教科文组织将曼代奥拉作为自然和文化遗产，列入《世界遗产名录》。曼代奥拉地质现象非常奇特，有高耸林立的奇石群。每座山顶上各建有修道院，它们都坐落在高达549米的峻峭石峰上面。这些山岩形状千姿百态、色彩丰富。在巨石顶上最高的一座修道院，称为曼代奥拉，它是具有高大圆顶的主圣显容教堂，是根据16世纪传统的拜占庭方十字型式修建的。教堂内的饭厅里有圆形石桌和用5根柱子支撑的拱形屋顶，后改为博物馆。

● 埃斯科里亚尔

埃斯科里亚尔位于西班牙马德里市西北约50千米处，是世界上最大、最美的宗教建筑之一。该建筑是修道院、宫殿、陵墓、教堂、图书馆、慈善堂、神学院、学校八位一体的庞大建筑群，气势磅礴，雄伟壮观，并珍藏欧洲各艺术大师的名作，有"世界第八大奇迹"之称。建筑设计一改以前的风格，为格子窗形式。这种简朴的建筑风格影响了西班牙半个多世纪。

● 佛罗伦萨大教堂

佛罗伦萨大教堂位于意大利佛罗伦萨市，是意大利文艺复兴时期建筑的瑰宝。佛罗伦萨大教堂其实是一组建筑群，由大教堂、钟塔和洗礼堂组成，主体部分，始建于1296年，建成于1462年。整个建筑群中最引人注目的是中央穹顶，仅中央穹顶本身的工程就历时14年，完成于1434年，顶高106米，穹顶的基部呈八角平面形，平面直径达42.2米。内部墙壁上有一幅著名的壁画《最后的审判》。同时，人员可以通过环廊到达穹顶内部。在中央穹顶的外围，各多边形的祭坛上也有一些半穹形，与上面的穹顶上下呼应。它的外墙以黑、绿、粉色条纹大理石砌成各式格板，上面加上精美的雕刻、马赛克和石刻花窗，呈现出非常华丽的风格。

● 凡尔赛宫

凡尔赛宫位于法国巴黎西南郊外伊夫林省省会凡尔赛镇，是欧洲最宏大、最豪华的皇宫。凡尔赛宫至今已有300多年历史。建筑以东西为轴，南北对称，包括正宫和两侧的南宫和北宫，内部500多个大小厅室无不金碧辉煌，大理石镶砌，玉阶巨柱，以雕刻、挂毯和巨幅油画装饰，陈设稀世珍宝，宫中园林也别具一格，花草排成大幅图案，树木修剪成几何形，众多的喷水池、喷泉和雕像点缀其间。凡尔赛宫及其园林堪称法国古建筑的杰出代表，1833年被辟为国家历史博物馆，1979年被列为《世界文化遗产名录》。

● 美泉宫

美泉宫位于奥地利首都维也纳西南部，典型的巴洛克艺术建筑。总面积2.6万平方米，仅次于法国的凡尔赛宫。曾是神圣罗马帝国、奥地利帝国、奥匈帝国和哈布斯堡王朝家族的皇宫，如今是维也纳最负盛名的旅游景点，美泉宫及其花园被联合国教科文组织列入《世界文化遗产名录》。

● 埃菲尔铁塔

埃菲尔铁塔位于巴黎市区赛纳河畔的战神广场上，占地1万平方米，建筑高度324.79米，建成于1889年。埃菲尔铁塔得名于设计它的桥梁工程师居斯塔夫·埃菲尔。铁塔设计新颖独特，是世界建筑史上的技术杰作，因而成为法国和巴黎的一个重要景点和突出标志。

● 神圣家族教堂

神圣家族教堂西班牙加泰罗尼亚地区的巴塞罗那市区中心，是西班牙建筑大师安东尼奥·高迪的毕生代表作。圣家族大教堂是一座宏伟的天主教教堂，整体设计以大自然诸如洞穴、山脉、花草动物为灵感。教堂的设计完全没有直线和平面，而是以螺旋、锥形、双曲线、抛物线各种变化组合成充满韵律动感的神圣建筑。

● 圣彼得大教堂

圣彼得大教堂位于梵蒂冈，是全世界第一大教堂。圣彼得教堂建于公元324年，是世界上最宏大最壮丽的天主教教堂，造型非常传统而神圣，整栋建筑呈现出一个十字架的结构，建于圣彼得墓穴的正上方。1452年，尼古拉五世下令重建，1506年由意大利最优秀的建筑师布拉曼特、米开朗琪罗、德拉·波尔塔和卡洛·马泰尔相继主持设计和施工，终于在1626年完成了现在的模样。

● 故　宫

故宫位于中国北京市中心，旧称紫禁城。紫禁城是中国5个世纪以来的最高权力中心，它以园林景观和容纳了家具及工艺品的9000个房间的庞大建筑群，成为明清时代中国文明无价的历史见证，是世界现存最大、最完整的木质结构的古建筑群。故宫占地面积达72万多平方米，建筑面积15.5万平方米，被称为"殿宇之海"。故宫被誉为世界五大宫之一，并被联合国教科文组织列为"世界文化遗产"。

● 长　城

长城是不同时期的古代中国为抵御不同时期的塞北游牧部落联盟侵

袭，而修筑的规模浩大的军事工程的统称。长城位于中国北部，东西绵延上万里，因此又称做万里长城。现存的长城遗迹主要为始建于14世纪的明长城，西起嘉峪关，东至虎山长城，全长8851.8千米。长城横贯河北、天津、北京、内蒙古、山西、陕西、宁夏、甘肃、辽宁等8个省、市、自治区。是中国古代建造的最为宏大的工程之一，1987年，联合国教科文组织将长城列入世界文化遗产。

● 大马士革

大马士革位于叙利亚西南部，黎巴嫩山东麓，雄伟的卡辛山下，又处在巴拉达河和阿瓦什河的汇流处。1946年，叙利亚独立，大马士革被定为叙利亚首都。大马士革素有"古迹之城"之称，是阿拉伯世界古文物的荟萃之地。名胜古迹集中在市内的老城区，著名的直街自东而西纵贯古城，是古罗马统治时期的主要街道，主要古迹都在直街及其附近一带。老城区还有奥马亚清真寺、萨拉丁陵、大马士革城堡等，都是奇美珍贵、闻名于世的古迹，这些建筑的富丽堂皇，庄严壮丽，都可堪称为建筑史上的奇葩。

● 摩亨佐达罗

摩亨佐达罗位于巴基斯坦信德省境内，拉尔卡纳县城南20千米处，距卡拉奇约500千米。1921年至1922年间，考古学家在印度河干流的沙丘上，发现了一些"奇怪的史前遗物"。经过进一步发掘，一个大约建于4500年前的古城遗址终于露出了端倪。这座"被埋没的城市"，是一个青铜时代的古城遗址。城址占地约8平方千米，整个城市像一张棋盘，每个住宅都有6至10间房，并有院子，所有建筑都用红砖砌成。整个城市有一套完整的下水道系统。

● 三星堆

三星堆位于中国四川广汉南兴镇，是中国西南地区的青铜时代遗址。1980年起发掘，因有三座突兀在成都平原上的黄土堆而得名。三星堆文明上承古蜀宝墩文化，下启金沙文化、古巴国，前后历时约2000年，是中国长江流域早期文明的代表，也是迄今为止我国信史中已知的最早的文明。

● 特洛伊遗址

特洛伊城遗址位于土耳其安纳托里亚西北的特洛亚平原，北临达达尼尔海峡，是小亚细亚青铜时代和早期铁骑时代的遗址。特洛伊考古遗址对于理解欧洲文明早期发展的关键时期具有重大意义。1998年根据文化遗产遴选标准，被列入《世界遗产名录》。

● 仰光大金塔

仰光大金塔位于缅甸首都仰光市北茵雅湖畔的圣丁固达拉山上，是仰光的最高点。塔基周长433米，周围有由木石建成，风格各异的64座小塔和4座中塔，塔有四个入口皆有石狮把守，而在入口后则有一连串的梯级直达至山上的平台。气势宏伟、建筑精湛的金塔，不仅是世界建筑艺术的杰作，也是世界上历史最悠久、价值最昂贵的佛塔。

● 波斯波利斯

波斯波利斯位于伊朗南部扎格罗斯山区，是古代波斯帝国都城之一。该城位于一处山坡上，东邻库拉马特山，其余三面是城墙，城墙依山势而高度不同。城内王宫建于石头台基上，主要建筑物包括大会厅、觐见厅、宫殿、宝库、储藏室等。全部建筑用暗灰色大石块建成，外表常饰以大理石。1979年联合国教科文组织将波斯波利斯作为文化遗产，列入《世界遗产名录》。

● 莫高窟

莫高窟俗称千佛洞，位于中国敦煌市，以精美的壁画和塑像闻名于世。它始建于十六国的前秦时期，历经十六国、北朝、隋、唐、五代、西夏、元等历代的兴建，形成巨大的规模，现有洞窟735个，壁画4.5万平方米、泥质彩塑2415尊，是世界上现存规模最大，内容最丰富的佛教艺术圣地。近代以来又发现了藏经洞，内有5万多件古代文物，由此衍生专门研究藏经洞典籍和敦煌艺术的学科——敦煌学。1987年，莫高窟被列为世界文化遗产。

● 圣索菲亚教堂

圣索菲亚教堂是土耳其古都伊斯坦布尔最大的教堂，是古代拜占庭的艺术杰作。教堂占地呈长方形，长80.9米，宽70米，整个建筑气势庄严但不凌厉。教堂从不同角度看都有不同效果，既有罗马建筑的特色，又有东方艺术的韵味，是土耳其最著名，也是最有代表性的古代建筑。这座美丽的大教堂历史悠久，几经沧桑，经多次重建和改建而成，历程与伊斯坦布尔的历史紧紧相系。

● 婆罗浮屠

婆罗浮屠位于印度尼西亚爪哇岛中部马吉冷婆罗浮屠村，建筑在默拉皮火山山麓的一个长123米、宽113米的矩形小山丘上，周围有4座火山。"婆罗浮屠"为梵文音译，意思是"山丘上的寺院"。高大的佛塔和神坛是寺院中最为引人注目的建筑。因为火山爆发，使这佛塔群下沉、并隐盖于茂密的热带丛林中近千年，直到19世纪初才被清理出来，与中国的长城、埃及的金字塔和柬埔寨的吴哥窟并称为古代东方四大奇迹。对研究印尼历史、文化和艺术具有重要价值。

● 巴兰班南寺庙群

巴兰班南位于东爪哇日惹市郊，是印度尼西亚最大最美的印度教寺庙古迹，是记录印度尼西亚人祖先灿烂文化的载体，与临近的婆罗浮屠一起被列入世界文化遗产。巴兰班南寺庙群由240座庙宇组成，创建基本上是模仿了神话中描述的众神居住的马哈穆罗山，因此各种雕刻和装潢都是按照神仙境界模样完成的。在寺庙群的墙壁上完美地雕刻着罗摩衍那罗摩传中的有关印度教的神话故事。

● 吴哥古迹

吴哥古迹位于东南亚中南半岛的柬埔寨西北方暹粒省，古迹群分布在400平方千米的范围内，包括高棉王国从9世纪到15世纪历代都城和寺庙，如吴哥窟、吴哥城、巴戎寺、女王宫等遗迹。吴哥古迹是世界最大的神殿建筑，联合国教科文组织于1992年将其列为世界文化遗产。

● 泰姬陵

泰姬陵是印度知名度最高的古迹之一，在今印度距新德里200多千米外的北方邦的亚格拉城内，亚穆纳河南岸。是莫卧儿王朝第五代皇帝沙·贾汗为了纪念他已故皇后姬曼·芭奴而建立的陵墓，被誉为"完美建筑"。它由殿堂、钟楼、尖塔、水池等构成，全部用纯白色大理石建筑，用玻璃、玛瑙镶嵌，绚丽夺目、美丽无比，有极高的艺术价值。

● 颐和园

颐和园位于中国北京西北郊海淀区，是利用昆明湖、万寿山为基址，以杭州西湖风景为蓝本，汲取江南园林的某些设计手法和意境而建成的一座大型天然山水园，也是保存得最完整的一座皇家行宫御苑。颐和园是中国现存规模最大，保存最完整的皇家园林，被誉为皇家园林博物馆。1924年，颐和园辟为对外开放公园。颐和园是中国近代历史的重要见证。1961年，颐和园被公布为第一批中国重点文物保护单位，1998年11月被列入《世界遗产名录》。

● 圆明园

圆明园坐落在中国北京西郊海淀区，与颐和园紧相毗邻。它始建于康熙46年，由圆明、长春、绮春三园组成。占地350万平方米，其中水面面积约140万平方米，有园林风景百余处，建筑面积逾16万平方米，是清朝帝王在150余年间创建和经营的一座大型皇家宫苑。这一世界名园于1860年10月，惨遭英法联军的劫掠焚毁，以后又经历了无数次毁灭和劫掠，最终沦为一片废墟。1988年1月5日，圆明园遗址被公布为中国国家级文物保护单位。如今的圆明园公园，以遗址为主题，形成了凝固的历史与充满蓬勃生机的园林气氛相结合的独特的旅游景观，既具有重大的政治历史价值，又是一处难得的旅游胜地。

● 巴尔米拉

巴尔米拉位于舒利亚中部，曾是古代最重要的文化中心之一，是舒利亚境内地区"丝绸之路"上的著名古城。巴尔米拉遗址至今还保存有中央大街、石刻凯旋门、贝勒神庙、柱廊、太阳城大殿、王宫和雕像等遗迹。巴尔米拉因地处几种文化的交汇处，其文化呈现出多元化的特点，艺术和建筑既有古希腊、古罗马恢宏大气的风格，又有本地传统和波斯文化的神秘与华丽。荒凉的沙漠中，四散着美丽的文明残骸。

● 佩特拉

佩特拉是约旦南部的一座历史古城，它是约旦南部沙漠中的神秘古城之一，也是约旦最负盛名的古迹区之一。距首都安曼约260千米，位于摩西山谷海拔1000米的高山上。古城几乎是全在岩石上雕刻而成的，并以岩石的色彩而闻名于世。佩特拉因其色彩而常常被称为"玫瑰红城市"。

● 阿旃陀石窟

阿旃陀石窟位于印度马哈拉斯特拉邦北部文达雅山的悬崖上，石窟环布在新月形的山腰陡崖上，高低错落，绵延550多米，以壮丽的建筑、精美的雕刻和壁画，与泰姬陵并称为印度的双壁。阿旃陀石窟是印度古代佛教徒作为佛殿、僧房而开凿的，距今已有2000多年的历史。石窟内有精美的壁画和精工细凿的雕刻，因建成时间不一，各具特色。作为佛教艺术的经典之作，具有相当重要的艺术影响力。

● 埃洛拉石窟群

埃洛拉石窟位于印度马哈拉施特拉邦奥兰加巴德市西北约30千米，高高的陡峭岩壁上，34座洞穴庙宇延伸2000多米。这些保存完好，排列有序的遗迹可追溯到公元600至1000年，古印度文明的再度复兴时期。不仅艺术造型独特，技术水准高超，而且作为佛教、婆罗门教和耆那教的圣殿，它们是古代印度容忍、宽恕特性的精神所现。

● 加德满都

加德满都是尼泊尔首都，分为新城、旧城两部分。城内大小寺庙达2700多所，素称"寺庙之城"。占地7平方千米的市中心，庙宇、佛堂、经塔有250多座，形成庙宇多如住宅、佛像多如居民的景象。

● 迦太基古城遗址

迦太基古城遗址在突尼斯众多古迹中最为著名。位于突尼斯市城北17千米处，占地面积3.15平方千米，主要建筑有城墙、宫殿、神庙、别墅、住房、公共浴室、剧场、竞技场、跑马场、港口、墓地等。它曾是地中海强盛的奴隶制国家的首都，也是当时北非、地中海地区政治、经济、商业和农业中心。随着时代的变迁，这座近3000年的历史名城几经兴废，如今人们只能从留下的断墙残柱、墓葬、石碑、镶嵌画和挖掘整理的遗物中，窥其繁华兴盛之时的面貌。

● 底比斯古城

底比斯古城位于埃及的卢克索至卡尔纳克一带，跨尼罗河中游两岸。底比斯是古埃及中王国和新王国时期的都城，始建于古埃及第十二王朝。1979年，联合国教科文组织将其作为人类文化遗产，列入《世界遗产名录》。底比斯古城面积约15.5平方千米。古埃及国王都试图通过建筑把自己的权力载入史册。为此，历代法老们大兴土木，在底比斯建造了无数神庙、宫殿和陵墓。底比斯的建筑规模浩大、工艺精湛，堪称世界古建筑艺术最为璀璨绚丽的瑰宝。

● 金字塔

埃及现存金字塔107座，主要位于埃及首都开罗附近的吉萨高原。这一地区有三座较大的金字塔，分别是胡夫金字塔、卡夫拉金字塔和孟卡拉金字塔，其中以胡夫金字塔最为著名，它是吉萨金字塔群中规模最大、保存最完好，也是建筑成就最高的一座。金字塔是古埃及文明的代表作，是埃及国家的象征，是埃及人民的骄傲。

● 拉利贝拉岩石教堂

拉利贝拉岩石教堂位于埃塞俄比亚北部2600米海拔的岩石高原上，是非洲唯一的天主教堂，由于教堂完全凿建在山体岩石内，工程异常艰难。首先在山坡的巨型岩石四周凿很深的沟，将其山体完全脱离；然后从上至下，极其艰难地将岩石内的石块一点一点凿下，建成一个有圆顶、窗户、走廊、门厅的岩石教堂。教堂内部除支撑顶部的石柱和拱门之外全部被掏空。这些教堂都有古老的阿克苏姆式的石碑尖顶、石柱走廊、镂空透雕的门窗以及各种纹饰、塑像、浮雕和祭坛等。教堂四周凿有沟壑，以利排水。所有建筑不曾使用任何灰浆，教堂与教堂之间有地下通道或岩洞相连。

● 邦贾加拉悬崖

邦贾加拉悬崖位于马里中部名城莫普提的东部，是一座断层山脉，面向尼日尔河的那一面是陡峭的断崖。该断崖相对高度约500多米，上面的平地和下面的平原都是多贡族部落的聚居地。悬崖峭壁间，布满了犹如蜂窝般的多贡族的住宅。这些建筑正是几个世纪以来传统多贡文化的灵魂。邦贾加拉高地是最具西非地质地貌特征的地方之一。

● 大津巴布韦

大津巴布韦文化是非洲南部的古代黑人文化遗址。在津巴布韦东南部。1871年被发现，是一组大型古代石构建筑。"津巴布韦"一词在当地语言中有巨石城之意，由于遗址代表着黑人文化的创造，这一地区独立后即以津巴布韦为国名。遗址包括山顶上的卫城和山下平原上的椭圆形庙城两部分，尤以庙城墙高石坚，规模宏伟。庙城的石砌围墙高达9米，墙内还有两座高达10米的圆锥形石塔，用花岗岩块砌成，不施灰浆，却坚固异常。

● 复活节岛石像

复活节岛是南太平洋中的一个岛屿，位于智利以西外海3000千米以外。复活节岛是世界上最与世隔绝的岛屿之一，呈三角形，由三座火山组成，以数百尊充满神秘的巨型石像闻名于世。拉帕努伊是当地人对复活节岛的称呼，证明了一种独特的文化现象。玻利尼西亚人约在公元300年时在那里建立了一个社会，他们不受外部影响，创建了极大的且富有想象力的、独特的巨型雕刻和建筑。从10世纪到16世纪期间，这个社会建筑了神殿并树立起了巨大的石像，称为莫阿伊，它们至今仍是一道无与伦比的文化风景，使整个世界为之着迷。

● 平图拉斯河手洞

平图拉斯河手洞位于阿根廷圣克鲁斯省西北部，佩里托莫雷诺南部71千米处。平图拉斯河是德塞多河的一条支流，它切出了一段很深的峡谷，手洞就位于其中。洞穴为东北朝向，洞内两侧有巨大的侧壁。在洞壁上有大量手印，主洞有24米深，入口15米宽，10米高。洞中的地面倾斜向上，内部不超过2米高。洞穴的末端比较狭小，在洞顶上绘有图案。平图拉斯河手洞的发现早于西班牙的阿尔塔米拉洞窟壁画。1999年，被列入《世界遗产名录》。

● 马丘比丘

马丘比丘是秘鲁一个著名的前哥伦布时期时印加帝国的遗迹。位于现今的秘鲁境内库斯科西北130千米，整个遗址高耸在海拔约2350米的山脊上，俯瞰着乌鲁班巴河谷，为热带丛林所包围，是南美洲最重要的考古发掘中心。由于独特的位置、地理特点和发现时间较晚，马丘比丘成了印加帝国最为人所熟悉的标志。在1983年，马丘比丘被联合国教科文组织定为世界遗产，是世界上为数不多的文化与自然双重遗产之一。

● 特奥蒂瓦坎古城

特奥蒂瓦坎古城遗址坐落在墨西哥波波卡特佩尔火山和依斯塔西瓦特尔火山山坡谷底之间，距墨西哥城40千米，是印第安文明的重要遗址。主要建筑沿城市轴线逝者大道布置。特奥蒂瓦坎建筑的主要代表是太阳神金字塔、月亮神金字塔、羽蛇神庙等，至今仍保留。太阳金字塔和月亮金字塔都用砂石泥土垒砌而成，表面覆盖石板，再画上繁复艳丽的壁画。沿逝者大道南行，终点有一座城堡，内有神庙、住宅等建筑。特奥蒂瓦坎古城遗址是墨西哥的主要旅游胜地，1987年被列入《世界遗产名录》。

● 昌昌古城

昌昌古城位于秘鲁的特鲁希略城附近，是南美洲古印第安文明中奇穆帝国的都城，有"城堡之城"之称。奇穆文化约存在于11至15世纪间，分布在秘鲁北部广大地区，农业生产发达，有大规模的灌溉网。古城面积达36平方千米，有道路通达全国。该城在14至15世纪时最繁荣，城中心有十座建有围墙的内城。昌昌古城在哥伦布之前时期虽堪称美洲建筑杰作，但因为是完完全全的土建筑，经过大自然的侵蚀，再加上后世盗宝者的破坏，这座历史名城的存在已岌岌可危。1986年，遗址被列入《世界遗产名录》。

● 库斯科城

库斯科城是秘鲁南部著名古城，古印加帝国首都，现为库斯科省省会。城中精美的石砌墙垣和太阳庙遗址等古印加文明的痕迹比比皆是。在印加帝国统治下，库斯科是一座用巨大石头装饰外部与广场接壤的城镇。殖民者保持着泥瓦建筑的基础，并在此基础上采用了新的建筑结构。数量众多的狭窄的石板街道在印加泥瓦建筑的两个城墙间蜿蜒，就像石头走廊。库斯科城已被联合国列为"世界文化和自然遗产"。

● 纳斯卡巨画

纳斯卡线条也称纳斯卡地画，是美国人保罗·科索科于1939年在秘鲁南部的纳斯卡地区研究古代灌溉系统时发现的，散布在几百平方千米的干燥沙质地表上。众多深几十厘米、长几百米到几千米不等的巨大线条以笔直的直线和箭头型为主，也有几何图形和动物图案，如蜂鸟、卷尾猴、鱼、花卉等。在地面上，它们似乎像在暗红色的砂砾上一条条弯弯曲曲的小径。只有从高空往下观望时，这些线条才能呈现各种兽类的巨大图形。自1926年人们发现了这些图案后，众说纷纭，然而对这些图案想表示的意图，至今仍是个不解之谜。

● 蒂亚瓦纳科

蒂亚瓦纳科遗址是玻利维亚印第安古文化遗址，位于南美洲玻利维亚与秘鲁交界处的的的喀喀湖附近。蒂亚瓦纳科遗址是由重达几十吨甚至数百吨的巨石严密砌成，这里集中着大批宗教建筑、绘画雕刻以及高度发展的古印第安文化。10世纪到11世纪是这座古城的鼎盛时期，到西班牙人入侵时，蒂亚瓦纳科早已被荒废了200到300年，但遗址中的断壁颓垣、巨型的石雕像、石碑、绵延的石墙和散落在各处的巨石，都能使人想象得出当年这块宗教圣地的繁荣景象。

● 奇琴伊察

奇琴伊察是古玛雅城市遗址，位于墨西哥尤卡坦州南部。南北长3千米，东西宽2千米，有建筑物数百座，是古玛雅文化和托尔特克文化的遗址。"奇琴"意为"井口"，天然井为建城的基础。现有公路把它分为两半。南侧老奇琴伊察建于公元7至10世纪，具玛雅文化特色，有金字塔神庙、柱厅殿堂、球场、市场和天文观象台，以石雕刻装饰为主；北侧新奇琴伊察为灰色建筑物，具托尔特克文化特色，有库库尔坎金字塔、勇士庙等，以朴素的线条装饰和羽蛇神灰泥雕刻为主。

● 乌斯马尔古城

乌斯马尔古城遗址位于墨西哥尤卡坦半岛北部。1996年，联合国教科文组织将乌斯马尔古城遗址作为文化遗产，列入《世界遗产名录》。乌斯马尔古城是公元600年至900年玛雅文化鼎盛时期的代表性城市。文化和经济的交流，使乌斯马尔发展成为尤卡坦半岛北部的政治、经济和宗教中心。公元10世纪末，乌斯马尔与奇琴伊察、玛雅潘两城联盟，因而更加繁荣。1194年，玛雅潘占领乌斯马尔之后，城市逐渐衰落，公元15世纪末被废弃。乌斯马尔古城东西长约600米，南北长约1000米，建筑雄伟而富于变化。

● 埃尔塔欣古城

埃尔塔欣古城位于墨西哥维拉克鲁斯州北部，从9世纪初期到13世纪初期时有人居住，可以追溯到伟大的特奥蒂瓦坎帝国到墨西哥特诺奇蒂特兰帝国之间的一段时期。它由装饰豪华的公众广场和金字塔组成，其中最为著名的是被称作"壁龛金字塔"的遗迹。这个保存完好的遗址，在艺术和建筑价值上都有其特色，证明了墨西哥的前哥伦比亚文化的伟大。1992年被列入《世界遗产名录》。